HUGO LINDENBERG, geboren 1978, ist Journalist. *Eines Tages wird es leer sein* ist sein erster Roman, er wurde mit dem Prix Livre Inter, dem Prix Françoise Sagan, dem Prix Le Temps retrouvé und dem Prix littéraire de la ville de Caen ausgezeichnet. Hugo Lindenberg lebt in Paris.

LENA MÜLLER, geboren 1982, studierte Literarisches Schreiben und Kulturjournalismus. Sie lebt als freie Übersetzerin und Autorin in Berlin. Für ihre Übersetzungen wurde sie 2016 und 2017 mit dem Internationalen Literaturpreis ausgezeichnet. 2021 erschien ihr Debütroman *Restlöcher*.

HUGO LINDENBERG

EINES TAGES
WIRD ES LEER SEIN

ROMAN

AUS DEM FRANZÖSISCHEN
VON LENA MÜLLER

EDITION NAUTILUS

Die Originalausgabe dieses Buches erschien unter dem Titel
Un jour ce sera vide bei Christian Bourgois Éditeur, Paris 2020.

Die Arbeit der Übersetzerin wurde durch ein Stipendium
des Deutschen Übersetzerfonds gefördert.

Dieses Buch erscheint im Rahmen des Förderprogramms des
Institut Français sowie des Förderprogramms des französischen
Außenministeriums, vertreten durch die Kulturabteilung der
französischen Botschaft in Berlin.

Edition Nautilus GmbH
Schützenstraße 49 a
D - 22761 Hamburg
www.edition-nautilus.de
Alle Rechte vorbehalten
© Edition Nautilus 2021
Deutsche Erstausgabe März 2023
Umschlaggestaltung:
Maja Bechert
www.majabechert.de
Porträt des Autors Seite 2:
© Alexandre Guirkinger

Druck und Bindung:
CPI – Clausen & Bosse, Leck
1. Auflage
ISBN 978-3-96054-311-4

Für alle einsamen Kinder und Verrückten.
In Erinnerung an Anne-Michèle Lindenberg.

»Das Geräusch des Wassers,
in dieser aufgehaltenen Stille
wäre es wie ein Signal (...).«

Nathalie Sarraute, TROPISMEN
(aus dem Französischen von
Max Hölzer)

ERSTER TEIL

BAPTISTE

1

Die Quallen

Der Junge steht im Gegenlicht. Sein Gesicht, eingerahmt von den glatten Haaren eines echten Jungen, kann man kaum erkennen. Zuerst ist er bloß das Bändel seiner roten oder blauen Badehose, die sich auf schlanken Beinen dem reglosen Schauspiel nähert, das ich bis eben noch allein betrachtet habe. Kann ich die Untersuchung der Qualle mit meinem Stock einfach fortsetzen? Mehrere Wellen rollen heran und überspülen die kleine Insel aus transparentem Fleisch, bevor ich mich wieder näher herantraue. Vorsichtig drücke ich auf die feste Haut, aber darum geht es schon nicht mehr. Das Einzige, was jetzt zählt, ist diese Präsenz zwischen der Sonne und mir. Ein Junge in meinem Alter. Ich umklammere den Stock, kralle die Zehen auf der Suche nach Halt in den feuchten Sand, mir wird schwindelig von der sich brechenden Welle, die über die vorherige schwappt. »Drehst du sie um?« Keine Spur von Spott in der Stimme, nur die Einladung, meine Erkundungen fortzusetzen. Eine Vertrautheit sogar, mit der ich nicht gerechnet habe. Aber ich weiß, eine Unbeholfenheit meinerseits genügt, eine zu ängstliche Bewegung zum Beispiel, um den Zustand der Gnade zu beenden, in dem zwischen uns nichts existiert als ein wenig Neugier und dieser kompakte, nesselnde Klumpen, der aussieht wie ein Außerirdischer. Jede Sekunde bringt uns dem Moment näher, an dem man mehr von sich preisgeben muss, als man will. Also sage ich nichts und nutze die Brandung, um das Manöver auszuführen: Nun liegt das Tier verkehrt herum, seine langen Fäden der brennenden Sonne und unserer gedankenlosen Grausamkeit ausgeliefert. Ich gehe in die Hocke, um zwischen den Klebarmen eine Träne, ein Auge oder ein Gesicht zu erkennen. Der Junge kommt auch näher und streift meine Schulter mit seinen feuchten Haaren, aus denen ein kalter Tropfen fällt und meinen Arm hinunterläuft. Der beunruhigende Weg des salzigen Geschenks auf meiner Haut. »Sieht aus wie eine Plastiktüte.« Ich hebe den Blick zu dem Jungen, der lächelt, der zu lächeln scheint, soweit ich das ausmachen kann, geblendet wie ich bin. Durch das Netz meiner zusammengekniffenen Augen erkenne ich zwei große grüne Augen und zwischen seinen halb geöffneten Lippen die Lücke, die ein ausgefallener Zahn hinterlassen hat. In meiner Vorstellung blitzt das Geschenk oder die Münze auf, unter ein dickes Kissen geschoben, der Kuss einer Mutter, Fensterläden, die den Blick freigeben auf den Trubel einer Familie im Urlaub. »Bringen wir sie zurück ins Wasser?« Die Worte kommen leiser als beabsichtigt aus meinem Mund, meine Stimme klingt blöd, als verrate sie eine Wahrheit, die mir plötzlich tragisch und lächerlich erscheint: Seit meiner Ankunft, eigentlich seit immer schon habe ich außer mit meiner Großmutter mit niemandem geredet. »Zurück ins Wasser?«, der Körper faltet sich zum Zeichen der Missbilligung auf. »Oder sollen wir sie töten?« Ich schaue auf

die Füße, seine Füße, denen der von den Wellen wegge-
spülte Boden gleichgültig ist, der Schaum, wahrscheinlich
auch Brennnesseln und Brombeerhecken und alles, was
sich ihnen in den Weg stellen könnte. »Man muss sie zer-
teilen, um das Innere zu sehen.« Ich betrachte den Jungen,
der mich in seiner Allmacht überragt. Ich in der Hocke,
einen krummen Stock in der Hand, das Gesicht vom Licht
verzerrt, und seine Aufforderung scheint mir absolut be-
rechtigt, schon allein deshalb, weil ich so gern wüsste, wie
es in seinem Inneren aussieht. In ihm. Welche Zauber-
flüssigkeit durch seine Adern fließt und seiner ganzen Er-
scheinung diesen bronzenen Glanz verleiht. Also stehe ich
auf und bohre mit der müden Bewegung eines alten Schä-
fers den Stock in die glibbrige Masse, an der Stelle, die mir
am weichsten scheint. Weil nichts passiert, drücke ich die
Spitze tiefer, bis das Tier in zwei Hälften zerreißt. Es ist
fest, unempfindlich, wie ein zu zähes Stück Fleisch, seit
Jahrtausenden tot. Ich bringe einen Kadaver zur Strecke
und plötzlich rinnt mir der Schweiß von den Wimpern
über die Wangen, brennende Tränen, die alles wegwischen, den Jungen, den Strand und diese Qualle, die ich
für das Versprechen einer Sommerfreundschaft opfere.

2

Die Fliege

Kann eine Qualle, wie eine Zelle, ihre eigene Teilung überleben? Die Frage flimmert durch meinen Kopf, während ich reglos im Sessel liege und winzige Schlucke von meiner Orangenlimonade trinke. Mit dem Strohhalm ahme ich die Fliege nach, die auf meinem Knie Lymphflüssigkeit trinkt, ihren Rüssel im kleinen See einer Wunde, von der ich seit Tagen jede sich bildende Kruste entferne. Ich darf mich nicht bewegen, sie nicht verjagen, damit sie mir weiter Gesellschaft leistet. Wie der Junge, dessen Vornamen ich erst aufgeschnappt habe, als seine Mutter ihn rief. »Baptiste.« Bei diesem Ruf zuckte er mit den Schultern und sagte »Bis morgen«, als würden wir seit Jahren immer zur selben Zeit zusammen Quallen töten. »Bis morgen.« Ich habe also eine Verabredung. Zum ersten Mal seit meiner Ankunft habe ich etwas zu tun. Einen Plan. Und dazu eine Menge Fragen. Meint er morgen zur selben Zeit? Hat er »morgen« gesagt und »bis bald« gemeint? Will er, dass wir wieder zusammen spielen oder uns bloß aus der Ferne zunicken? Wird er zu mir kommen? Soll ich am selben Ort auf ihn warten? Was werden wir zusammen unternehmen? Hat dieses Treffen tatsächlich stattgefunden? Alles, bis hin zur Existenz der Quallen, scheint mit einem Mal fraglich. Ich bin mir nicht mal mehr sicher, ob ich heute Morgen am Strand war. Um es zu überprüfen, müsste ich im Flur nachschauen, ob die Bastmatten an der Garderobe vom feuchten Sand schimmern, ob man den Plastiksandalen noch den Ausflug in den Schlick ansieht und ob aus dem Badezeug Tropfen auf das brennend heiße Metall des Balkons fallen und sofort zu weißen, salzigen Flecken werden. Aber auch wenn ich es wagen sollte, die erdrückende Masse warmer Luft im Wohnzimmer zu durchqueren, um Gewissheit zu haben, würden mir die Matten, die Sandalen und das Badezeug bloß ihren reglosen Widerstand entgegensetzen. Sie leiden an Gedächtnisschwund, wie alle Dinge, die mich umgeben. Ich nehme noch einen Schluck von der Orangenlimonade und lasse den Strohhalm am Boden des Glases schnarren, um die Stille zu beenden. Vor mir liegen die wenigen Spielzeuge, mit denen ich mir manchmal die Zeit vertreibe. Viele Sommer alte Spielzeuge, die mir, soweit ich mich erinnere, nie etwas bedeutet haben. Sie warten dort, wie die Puzzleteile einer Langeweile, der ich nicht entkommen kann. Ich weiß nicht, auf welche Reise dieses rote Auto gehen oder welche Abenteuer dieser gelenkige Soldat bestehen könnte. Sie müssen selber schauen, wo sie bleiben, ich kann nichts für sie tun: Alle meine Versuche enden unweigerlich in Katastrophen, deren Umstände in meiner Kehle einen rostigen Geschmack hinterlassen. Wenn man allein die Niederlage seiner Armee überlebt hat, was soll man auf einer Anrichte anderes tun als hinunterzuspringen? Was kann einer Corvette in voller Fahrt auf einer Kommode anderes passieren als ein Sturz ins

Leere? Und diese Lumpenpuppe mit den aufgestickten schwarzen Augen sieht eher aus wie eine Leiche und nicht wie eine Hoffnungsträgerin. Also warte ich bloß, dass Großmutter von ihrem Mittagsschlaf aufwacht und der Walzer der Hausarbeiten weitergeht, der in unseren Tagen den Takt angibt. Frühstücken, sich waschen, anziehen, zu Mittag essen, zu Abend essen, sich ausziehen, baden, schlafen gehen. Unser Leben ist eine Symphonie aus geöffneten Wasserhähnen, Spülungen, sich leerenden Wannen, erledigtem Abwasch, ausgewrungener Wäsche. Und für ein wenig Zerstreuung inmitten dieser Sintflut: das Meer. Eine Milliarde Milliarden Kubikmeter flüssige Teilnahmslosigkeit, in der die normalen Familien herumprusten. Mit einer Bewegung verscheuche ich die Fliege, deren Hartnäckigkeit mir langsam auf die Nerven geht. Die Standuhr schlägt drei, während meine einzige Ablenkung durch das Fenster davonfliegt.

3

Die Taufe

Versteckt unterm Sonnenschirm, den Mützenschirm tief ins Gesicht gezogen, liege ich auf meiner Matte und beobachte das Ballett der Familien am Strand. Besser gesagt, ich sauge es in mich auf. Die Intimität unter freiem Himmel lüftet einige der gut gehüteten Geheimnisse aus dem Alltag echter Kinder: die väterliche Begeisterung, für die man Sandburgen baut, die lästige Fürsorge der Mütter. Aber heute bin ich nicht ganz bei der Sache. Ich spähe zwischen den entfernten Umrissen nach dem einen, der sich beim Näherkommen als Baptiste entpuppen wird, und bin bereit, alle Quallen der Normandie mit meinem Stock aufzuspießen, um ihm zu gefallen. »Kommst du?« Da steht er vor mir, die Sonne im Rücken, was mich wieder zwingt, mit zusammengekniffenen Augen zu ihm aufzuschauen, um zumindest schemenhaft sein Gesicht zu erkennen. Er hat mich überrumpelt, meine zusammengewürfelten Spielzeuge um mich verstreut, lächerlich vor mich hin murmelnd über irgendwelche Hirngespinste. Vor allem aber hat er mich neben dieser dicken Frau im Badeanzug überrascht, die mit ihrem zerfurchten Gesicht im Schatten

17

eines abgenutzten Sonnenschirms auf einem kleinen Klappstuhl mit Sonnenblumenmuster hockt und strickt. Meine geliebte Großmutter. So fremd an diesem Strand, dass ihr die Hitze nichts auszumachen scheint. Ich finde sie überwältigend, aber nicht so sehr wie Baptistes Anwesenheit. Ich komme unsicher auf die Beine und ziehe meinen Freund mit einer ungeschickten Handbewegung weg, während ich zu schnell über alles rede, was mir in den Sinn kommt, um ihn zu verwirren und den flüchtigen Anblick unseres kleinen Lagers aus seiner Erinnerung zu löschen. Aber bevor ich zwei Schritte machen kann, schreibt der Akzent meiner Großmutter meine Fremdartigkeit für immer fest. »Kehrt nicht zu spät zurück«, ruft sie uns in einer Lawine klangvoll gerollter Rs hinterher. Baptiste wirft einen Blick über die Schulter, runzelt die Stirn, bläht leicht die Nasenlöcher und nimmt unser Gespräch wieder auf, als habe er nicht ganz verstanden. Ich lasse mir nichts anmerken und ziehe ihn Richtung Meer, wo eine Reihe Quallen vor den Wellen Wache hält. »Glaubst du, sie spüren den Schmerz?« Das Selbstbewusstsein, mit dem ich am Vortag das arme Tier zerteilt habe, sichert mir immer noch einen Ehrenplatz in der Welt meines neuen Spielkameraden und macht mich zu seinem »Freund«. »Ein anderer Freund von mir«, sagt er, »kann Schlangen fangen.« Später werde ich die Freude über diesen Vergleich auskosten, aber zunächst halten mich die tausend Aufgaben beschäftigt, die meine neue Rolle mit sich bringt. Ehrlich gesagt weiß ich nicht, wie man sich mit einem echten Jungen verhält, ich weiche sogar seinem Blick aus. Er scheint diesbezüglich völlig unbekümmert. Seine einzige Sorge besteht darin, die ideale Waffe zu finden und unser mörderisches Tempo zu erhöhen. Unbeweglich schaue ich zu, wie er auf der Suche nach einem Stock mit der Energie eines jungen Hundes seine Kreise um mich zieht. Nachdem er den passenden gefunden hat, wedelt er mit dem Kopf eines toten Fischs herum, um aus unserem morbiden Treiben eine rituelle Opfergabe zu machen. Nebeneinander hockend beobachten wir die Wirkung der Bohrung auf den frisch aufgespießten Organismus. »Was ist der Unterschied zwischen einer lebenden und einer toten Qualle?«, überlegt er. Das Weichtier glänzt in der Sonne, völlig unbeeindruckt von unserer Neugier. »Bei drei fassen wir sie beide an«, sagt er. Mein Freund weiß nicht, dass ich mich gerade wegen der nesselnden Gefahr, die von den Quallen ausgeht, den ganzen Sommer vom Wasser ferngehalten habe. Ihre massive Präsenz an der Küste, von den Urlaubern gern ausgiebig beklagt, hat mir bei meiner Großmutter als Ausrede gedient, um nicht schwimmen zu gehen und immer bei ihr im sicheren Rechteck der Bastmatte zu bleiben. Allein mit meinen Büchern und meinen Gedanken, trotz ihrer ständigen Ermahnungen, für die sie den Blick nicht von ihrer Strickerei hebt. »Du verdirbst dir noch die Augen, wenn du die ganze Zeit liest. Geh ins Wasser, wie die anderen.« Ich frage mich, von welchen anderen sie spricht. »Aber die Quallen?« Ungläubig schnalzt sie mit der Zunge. Aber sie zwingt mich zu nichts. Meine Großmutter drängt mich nie. Wahrscheinlich weil sie selbst nicht schwimmen kann. Manchmal, wenn die Hitze zu groß ist, geht sie ans Wasser, kniet sich in die Brandung wie eine alte Bäuerin an den Waschtrog und besprenkelt sich mit der hohlen Hand mit Meerwasser. Ich müsste mich in diesen Momenten für sie schämen, aber das Gegenteil ist der Fall, ohne dass ich wüsste warum. Aber auf keinen Fall würde ich Baptiste davon erzählen. Und noch weniger von meiner Quallenangst. Es erfordert Mut, ein echter Junge zu sein. Als ich schicksalsergeben meinen Zeigefinger dem glibbrigen Haufen nähere, packt mich Baptiste am Handgelenk. »Bist du verrückt? Das brennt doch. Komm, wir gehen schwimmen, ist doch bescheuert, sich zu verbrennen, meine Mutter sagt, das tut höllisch weh und man muss draufpinkeln, nein danke.« Er steht auf und zieht mich hinter sich her in die Wellen. Ich schlingere in seinem Griff wie ein Schal im Wind. So leicht, dass ich das Wasser kaum spüre. Schon bin ich bis zu den Schenkeln drin. Bald legt sich das eisige Wasser um meinen Bauch, und zwei Wellen später wickelt es sich um meinen Hals. Und es fühlt sich unglaublich gut an. Endlich diese Frische in meinem Körper. Baptiste dreht sich zu mir. Wenn er untertaucht, seine Hand immer noch in meiner, tanzen die Algen seiner Haare auf der Oberfläche. Er kommt wieder hoch, die Augen vom Salzwasser gerötet, die Haare platt am Kopf, und fordert mich mit einer Kinnbewegung auf, auch unterzutauchen. Es ist wie eine Explosion aus Stille und Kühle, die die Welt und meinen Körper mitreißt. Die ganze Schwere der letzten Tage fließt in die Tiefe. Meine zehntausend Tonnen Einsamkeit verschluckt im Bauch des Meeres. Es gibt kein Vorher und kein Nachher mehr, und wenn da nicht das dünne Haltetau von Baptistes Arm wäre, der mich zurück in die Welt der Oberfläche zieht, würde ich mich dem Schlaflied der Wellen überlassen, weit weg vom fiebrigen Sommer.

4

Das Bad

Ab jetzt muss ich mit Baptiste rechnen, auch wenn er nicht
da ist. Ich kann nicht mehr stundenlang reglos auf dem
Sofa im Wohnzimmer sitzen und so wenig Luft wie möglich atmen oder wieder und wieder diesen alten Donald-
Duck-Comic lesen, den ich schon auswendig kann. Ich
weiß nicht, ob ich mein altes *Italian Boy*-T-Shirt noch
mag, das meine Großmutter für mich geflickt hat. Nichts
ist mehr sicher, wenn ich ehrlich bin. Ich weiß bisher nur
wenig über meine neuen Vorlieben: Ich halte mich ab jetzt
von kohlensäurehaltigen Getränken fern (Baptiste mag das
Prickeln nicht), und ich träume davon, zum Berg Fuji zu
reisen (das ist sein Traum). In Erwartung neuer Hinweise
versuche ich, seiner würdig zu sein, was nicht leicht ist, da
meine Großmutter völlig danebenliegt, wirklich immer, in
fast allen Dingen. Zum Beispiel tadelt sie mich ständig wegen meinem neuen Tick. Aber das ist kein Tick, sondern
die beste Show, die ich je gesehen habe. Dafür puste ich
mit der Unterlippe rechts in Richtung Auge und werfe dabei leicht den Kopf in den Nacken. Das macht Baptiste,
um die Strähne zu bändigen, die ihm manchmal über das

rechte Auge fällt. Das ist sein Ding, und ich wiederhole es wie ein Gebet vorm Spiegel über dem Kamin des Zimmers, das ich mit meiner Großmutter teile. Es ist riesig, sodass es auch zwei Zimmer sein könnten, und meine Matratze liegt recht weit weg von ihrem Bett, aber trotzdem will ich nicht, dass Baptiste erfährt, dass ich mit meiner Großmutter in einem Zimmer schlafe. Auch nicht, dass man durchs Badezimmer muss, um es zu betreten. Wenn ich darüber nachdenke, gibt es viele Sachen, die Baptiste besser nicht wissen soll, nicht nur in Bezug auf das Haus. Bisher habe ich es ihm nur von außen gezeigt, das Schieferdach kann man vom Strand aus sehen. »Da wohne ich«, habe ich gesagt und auf die Villa Magnolia gedeutet, ein dreistöckiges normannisches Bauwerk, von dem wir nur eine Etage bewohnen. Dann hat er mir gezeigt, wo er die Ferien verbringt, und mit einer lässigen Bewegung die riesigen Kreidefelsen der Vaches Noires mit eingeschlossen, als gehörten sie ihm. Deshalb stellte ich mir vor, er bewohnt ein koloniales Anwesen wie in den Filmen, wo reiche Amerikaner morgens in tischhohen Betten aufwachen, sich abends den Sonnenuntergang von den Stufen ihrer Villa aus ansehen und andauernd ihre widerspenstigen Strähnen aus der Stirn pusten. »Lass das«, ärgert sich meine Großmutter, als ich versuche, mir elegant den Schaum von den Augen zu pusten, während sie mich vom Rand der Badewanne aus liebevoll shamponiert. Eines der sinnlichsten Rituale des Paares, das ich mit dieser wortkargen Frau bilde. Mit Hilfe eines gelben oder grünen Plastikkrugs schüttet sie mir heißes Wasser über den zurückgelegten Kopf. Ein Mal, zwei Mal, so oft, bis meine Haare vor Sauberkeit knarzen, das Seifenwasser mir in einer wohligen Welle über die Schultern läuft und mich vor Glück schaudern lässt. Danach muss ich mich bloß noch vom Handtuch in den Schlafanzug und mit dem Schlafanzug ins Bett gleiten lassen und von der Aussicht auf meine nächste Begegnung mit Baptiste träumen.

5

Die Familien

Wenn Papa mit mir ins Kino geht, muss ich meine Begeisterung zügeln, weil er enttäuscht ist, wenn ich beim Rausgehen sage, dass das mein Lieblingsfilm war. Mein Vater ist oft enttäuscht. Nicht immer so wie dieses eine Mal, als ich ihm sagte, dass ich gerne eine Katze wäre, aber trotzdem. *Falsches Spiel mit Roger Rabbit* erfüllt anscheinend nicht die Kriterien für einen Lieblingsfilm, *The Purple Rose of Cairo* auch nicht. Obwohl ich in letzter Zeit oft an *The Purple Rose of Cairo* denken muss. Darin wird die Geschichte einer unglücklichen Frau erzählt, die ständig ins Kino geht und sich denselben Film anschaut, um ihr trauriges Dasein zu vergessen. Eines Tages verlässt ihre Lieblingsfigur die Leinwand und besucht sie im echten Leben. Dasselbe ist mir mit Baptiste passiert. Bis zu unserer Begegnung ging ich nur zum Strand, um die Familien zu beobachten. Ich breitete mein Handtuch irgendwo aus, und während meine Großmutter neben mir strickte, spionierte ich eine Familie aus. Im Allgemeinen waren zwei oder drei in der Nähe, die ich belauschen konnte. Wenn ich Glück hatte, war eine mit Kindern in meinem Alter darunter. Paare und Alleinstehende interessierten mich weniger, weil ich am liebsten Eltern mit ihren Kindern zuschaute. Der banale Alltag einer normalen Familie. Manchmal tat ich so, als würde der Stand der Sonne oder das Transistorradio meiner Großmutter mich beim Lesen stören, und legte mich mit meinem Handtuch näher zu einer vielversprechenden Familie. Um sie ausfindig zu machen, hatte ich einen Trick, der immer funktionierte. Wenn ich bei ihrem Anblick einen Stein im Bauch hatte, war es eine lohnenswerte Sache. Eine rundliche Mutter, die Schmuck trug, machte mir oft einen Stein im Bauch, bei Kindern, die glücklich aussahen, war es ein Fels. Es war wichtig, unbemerkt zu bleiben. Ich war fast unsichtbar. Ein zehnjähriger Junge neben einer alten Frau weckt keine Aufmerksamkeit. Trotzdem tat ich alles, um unauffällig zu bleiben – Schirm über den Augen, weit geöffnetes Buch vorm Gesicht –, aber nach wenigen Minuten vergaß ich alles, vergaß ich mich. Dann gab es nur noch mein gieriges Glotzen und meine offene Kinnlade. Sicher ein wenig unheimlich, nach den Blicken zu urteilen, die mir manchmal ein wachsamer Vater oder ein misstrauischer Jugendlicher zuwarfen. Aber was sollten sie in mir anderes sehen als ein etwas zurückgebliebenes Kind, das in der Brandung vor sich hinsabbert. Was mir weniger peinlich schien als die Wahrheit. In Wahrheit saugte ich alles auf, bis ich zur Luft wurde, die sie umgab, bis ich von ihren Lungen ein- und wieder ausgeatmet wurde, um zum Kern ihres Glücks durchzudringen. Ich hätte ihr Blut getrunken, um zu verstehen, wie es war, eine Familie wie alle zu haben. Eine Mutter, die dir den Rücken mit Sonnenmilch eincremt, einen Vater, der dich am Abend fest in die Decke wickelt und dabei eine Geschichte erzählt. Es gab vor allem eine Familie, die ich seit Ferienbeginn im Blick behielt. Eine Kabinen-Familie. Der Vater, sehr behaart und mit Bart, war immer in Bewegung, holte Sachen, kam zurück, kreiste in einer ewigen, anarchischen Umlaufbahn um das Quadrat der familiären Handtücher. Wenn er nicht gerade mit seiner Tochter joggen ging, half er ihr, eine Sandburg zu bauen, oder brachte seinem Sohn das Kraulen bei, stets lachend, als wäre es ein Spiel (und bei genauerer Betrachtung war es ein Spiel, aber ich hatte das nicht gewusst). Die Mutter kümmerte sich nicht wirklich um die Kinder, sie schaute sie immer mit zusammengekniffenen Augen an wie eine Kurzsichtige, als würde sie sie von Weitem sehen, auch wenn sie nur wenige Zentimeter vor ihr standen. Im Schneidersitz verbrachte sie Stunden damit, im Schatten eines blauen oder schwarzen Sonnenschirms in ein großes Heft zu schreiben. Mitgebrachte Kieselsteine aus einer großen Tasche fixierten die Handtücher und die losen Blätter am Boden. Sie scherte sich nicht um den Strand, und das gefiel mir. Die meiste Zeit trug sie über ihrem Badeanzug ein blaues oder beiges Leinenkleid und auf dem Kopf einen riesigen Hut, der sein Stroh im Sand verteilte. Nur das Heft zählte. Regelmäßig kam eines ihrer Kinder zu nah heran und ließ Sand oder sogar Wassertropfen auf ihre Arbeit rieseln, das brachte sie immer zum Lachen. Sie blinzelte ungläubig und schien glücklich darüber, dass das kleine Wesen, das sie nass gemacht hatte, ihr Kind war. Sie winkte es heran, legte ihr Heft und ihre Blätter beiseite und störte sich nicht daran, wenn sie wegflogen. Sie grub das Gesicht in die Haare des Kindes und atmete tief ein. Vielleicht war sie froh, dort ihren Geruch wiederzufinden oder den ihres Mannes, der sie manchmal unterbrach und sie sogar in den Sand warf und sich klatschnass auf sie legte, um sie zu küssen. Auch das war nicht schlimm, es brachte sie alle vier zum Lachen. Keiner von ihnen kümmerte sich um die Blätter, die im Wind flatterten. Ich hoffte darauf, eines aufzuheben, dann wäre ich aufgestanden, um es ihr zu bringen, und während sie mich gleichgültig angelächelt hätte, hätte ich ihren Duft riechen können. Aber die Blätter wirbelten bloß im Kreis, auch sie waren in der Aura des Clans gefangen. Der Junge war höchstens fünf Jahre alt, hieß Diego, und sein Leben schien eine endlose Reihe von Vergnügungen zu sein. Kaum am Strand angekommen, schnallte ihm sein Vater zwei orangefarbene Schwimmflügel um, die er den ganzen Tag nicht mehr ablegte. Dabei wurde er durchgekitzelt, was ihn vor Glück schreien ließ, bis die Mutter die Sonnencreme herausholte, ihn einfettete, bis er glänzte wie eine Made im Speck, und dabei mit Himbeerwaffeln versorgte, die Diego hingebungsvoll verspeiste. Anschließend wusch er sich die Hände in den Wellen, was immer mit einer Erkundung der im Schlick wimmelnden Tierwelt einherging. Ich konnte dann bruchstückhaft die angeregten Gespräche mit Seeschnecken oder Einsiedlerkrebsen mithören, bevor er sie unbedingt seinen Eltern zeigen musste, die sich für diese neuen Bekanntschaften übermäßig begeistern konnten. Unter dem Vorwand, Muscheln für die Familie zu sammeln, ging der Vater dann mit seinem Sohn schwimmen. Bis zum Bauchnabel im Wasser stehend, stützte er leichthändig wie ein Puppenspieler den schwebenden Diego, während der die Bewegungen wiederholte, mit denen er bald selbst würde schwimmen können. Die Tochter war zurückgezogener, schüchterner als Diego. Sie hieß Céline und war der schönste Mensch, den ich je gesehen hatte. Sie machte gern Kopfstand und baute Sandburgen. Ihre Haare waren endlos und wenn sie nach dem Schwimmen aus dem Wasser kam, neigte sie den Kopf zur Seite und wrang sie aus wie ein Handtuch, mit zwei Händen, immer mit derselben Grimasse. Hatte sie Nerven in ihren Haaren? Jedenfalls war sie wunderschön, schon wenn ich an sie dachte, zitterte ich vor Freude. Sie waren fast jeden Nachmittag am Strand, immer an derselben Stelle, ich hatte genügend Zeit, sie beim Braunwerden zu beobachten, mich wegen Diegos Sonnenbrand zu sorgen, aus dem Gesichtsausdruck der Mutter die Fortschritte ihrer Arbeit abzulesen und ihre Leichtigkeit in mich aufzusaugen. Und eines Tages waren sie verschwunden. Waren sie nach Hause gefahren? Manchmal stellte ich mir vor, dass sie meinetwegen ihre Gewohnheiten geändert hatten, weil sie sich von meinen aufdringlichen Blicken in ihrer Intimität gestört fühlten. Bei meinen Spaziergängen am Strand fürchtete ich manchmal, die Flüchtigen zu entdecken, wie sie mit ihrem Glück andere Voyeure als mich blendeten. An den kommenden Tagen lernte ich, mich mit zweitklassigen Darbietungen zu trösten. Ein-Eltern-Familien ohne Charme, zutiefst gelangweilte Väter, völlig überdrehte Geschwister. Ich betrachtete sie mit der Trägheit, die ich auch beim Zappen durch die Fernsehprogramme am Mittwochnachmittag spürte, wenn ich auf meine Lieblingssendung wartete. Ich verdrehte die Augen, um zu zeigen, dass ich solches Rabenelterntum missbilligte, meine Kommentare selbstvergessen vor mich hinmurmelnd, als würden sie und ich nicht in derselben Dimension leben. Wenn die Langeweile zu groß wurde, stand ich auf, um dieses Meer zu inspizieren, das in den Familien solche Wellen schlug. Und dort im Schwemmland fand mich Baptiste.

6

Die gehackte Leber

Lässt sich die Tiefe einer Freundschaft an der Strecke messen, die man im Wasser zurücklegt? Bei meinen ersten Treffen mit Baptiste wurde nur der Schaum im Schlick ein wenig aufgewühlt, wo das Meer auf den Strand trifft. Dann trieb uns der Nordwestwind in die Wellen. Die eisigen Wogen rissen mich mit und spülten mich zerzaust wieder ans Ufer, die Badehose voller Sand und völlig aus dem Gleichgewicht, bis mir Baptistes Augen einen neuen Horizont zur Orientierung boten. Als es ans Schwimmen ging, wurde mir schwindelig, nichts war mehr selbstverständlich: Ich hatte vergessen, wie Brustschwimmen ging. Ich tauchte unter, lang gestreckt wie ein Pfeil, brachte meine Arme zurück zum Körper und streckte den Nacken, um an der Oberfläche nach Luft zu schnappen, bevor ich wieder untertauchte. Kaum hatte ich diese Bewegungsabfolge hinter mich gebracht, musste ich wieder von vorne beginnen. Das Zusammenspiel der Bewegungen, das mir bisher eine mehr oder weniger harmonische Fortbewegung ermöglicht hatte, war plötzlich ein ermüdendes Gezappel auf der Stelle geworden. Ich musste versuchen, nicht an

Baptiste zu denken, und mir gleichzeitig im Klaren sein, dass er über meine Geschicklichkeit urteilte. Es fühlte sich an, als würde ich vom Eiffelturm fallen und gleichzeitig den Mount Everest besteigen. Mein Freund schoss wie ein Einbaum übers Wasser und schien sich an meinem Hundepaddeln nicht zu stören. Ich folgte ihm so gut es ging, und als wir weit genug draußen waren, um die Menschheit als vernachlässigbare Bedrohung zu betrachten, hielt er an und schaute kurz zum kleinen Wald aus dicht gedrängten Sonnenschirmen, in deren Schatten an die hundert Familien schwitzend röter wurden. Dazwischen erkannte ich das perfekte Dreieck, das seine Eltern und seine Schwester bildeten. In einiger Entfernung ruhte meine Großmutter auf ihrem Klappstuhl wie ein Fels. Sie trug einen schwarzen oder dunkelgrünen Badeanzug und eine große getönte Sonnenbrille. Ich stellte mir den erstaunlichen Farbtupfer ihrer Lippen vor, dieses Orange-Rosa, das nur für sie und ihre Eitelkeit gemacht schien. Wenn sie in Paris vorm Spiegel im Flur die Lippen spitzt, die grauen Haare starr vom Cadonett-Haarspray, wird mir eng ums Herz. Ich stelle sie mir als Zwanzigjährige vor, in einer anderen Wohnung, in einem anderen Land, wie sie sich im selben Spiegel anschaut, lächelnd die Linie ihrer Waden betrachtet, mit diesem Orange-Rosa auf ihren schmalen Lippen. Und aus weiter Ferne holt mich eine Traurigkeit ein. Eine Traurigkeit, die macht, dass ich gerne meine Jugend mit ihr tauschen würde, um ihr noch ein Leben zu geben, ein echtes Leben, in dem sie jemand anderen als ein zehnjähriges Kind an ihrer Seite hat, um über ihre alten Tage zu wachen. Ich hielt mich heftig strampelnd an der Oberfläche, außer Atem, meine dunklen Locken schwer vom Wasser, und schaute sie an mit einer Liebe, die durch die Distanz noch größer wurde, und Baptiste schaute mich an. »Maman meint, dass ihr Jüden seid«, sagte er nach einem langen Schweigen, als wolle er ein Missverständnis aus der Welt schaffen und habe gewartet, bis wir allein waren, um es anzusprechen. Seit er sich bei unserer zweiten Begegnung bei der scharfkantigen Aussprache meiner Großmutter umgedreht hatte, fürchtete ich mich vor diesem Moment. Es brauchte eine Erklärung für die Anwesenheit dieses blassen Jungen mit krausem Haar in Begleitung einer alten, die Rs rollenden Dame an einem Strand der Normandie. Vor allem, nachdem sie es sich nicht hatte nehmen lassen, seiner Familie zu Ehren unserer noch jungen Freundschaft eine Schüssel gehackte Leber zu überreichen. Ich hatte mich schrecklich geschämt bei diesem Annäherungsversuch, den ich mit meinen flehenden Bitten nicht hatte abwenden können. Abgesehen davon, dass sie diese Zufallsbegegnung mit einem Jungen meines Alters übermäßig mit Bedeutung auflud, war ich skeptisch, was die Wahl des Geschenks betraf: eine Mischung aus grob gehackten, hart gekochten Eiern, Zwiebeln, Knoblauch und Geflügelleber, die zusammen eine braune Masse mit strengem Geruch ergaben. Ich liebte Großmutters gehackte Leber wie ich Großmutter liebte: nämlich zu Hause. Unter den Augen der anderen fand ich beides schrecklich beschämend. Mit halb geschlossenen Augen hatte ich ungläubig beobachtet, wie Großmutter über den Strand auf Baptistes Mutter zuging, die geblümte, mit Alufolie bedeckte Schüssel in beiden Händen. Ich stellte mir Baptiste vor, wie er abends im Kreis der Familie in der herrlichen Kolonialvilla am Tisch saß und über diese alte Hexe lachte, während die Schüssel mit der gehackten Leber unangetastet im Müll landete. Dieses Bild hatte mich eine ganze Nacht lang verfolgt, in der ich abwechselnd meine Großmutter für ihre Schtetl-Manieren und Baptistes Mutter für ihre Grausamkeit hasste. Und jetzt war es an ihrem Sohn, mich in den Wellen zu beleidigen. Also tauchte ich ein letztes Mal in die smaragdgrünen Augen meines Freundes, bevor sie aufhören würden, bewundernd zu leuchten. Bereit, den Status des normalen kleinen Jungen aufzugeben, den ich mir so gut wie möglich angeeignet hatte. Wild rudernd, um sich an der Oberfläche zu halten, sagte er: »Ich habe noch einen Freund, der ist Jüde.« Ein paar Wellen später fügte er hinzu: »Ihr habt's gut, ich bin gar nichts.« Zwei Schwimmzüge entfernt paddelte auf dem Wasser drei Meter über dem Meeresgrund ein Junge, für den ich Quallen getötet hatte und dem ich seit einer Woche alles nachmachte, sogar meine Stimme verstellte ich, um so glockenklar zu klingen wie er. Dass er denken konnte, nichts zu sein, war die tröstlichste und komischste Sache, die ich in meinem ganzen Leben gehört hatte. Also lachte ich, und Baptiste lachte mit. Zwei kleine kichernde Köpfe an der Wasseroberfläche. Das zahnlose Gesicht meines Freundes verschwand hinter einem Wellenberg, um einen Augenblick später genauso naiv und ehrlich und laut prustend wieder aufzutauchen. Und ich liebte ihn so sehr, dass ich ihn hätte ertränken wollen.

7

Das Zimmer

Was enthält die Luft im Zimmer? Ich atme tief ein und fülle meine Lungenflügel, die ich mir als zwei Bäume vorstelle, durch deren Blätter der Wind rauscht. Dieser Körper umhüllt mich, aber er enthält mich nicht. Innen ist der Raum grenzenlos: Ich erahne Galaxien aus Lichtjahren der Stille, in der sich ein Herz verbirgt, kaum größer als eine Faust. Unter meinem Bauchnabel gibt es Weiten, die man in drei Tagen Flug nicht überqueren könnte. Meine Großmutter neben mir ist eingenickt, es ist denkbar, dass es niemanden auf der Welt kümmert, was ich gerade tue oder nicht tue. Die Zeit ist abgeschafft. Der Augenblick, der folgt, stürzt unweigerlich über den Augenblick, der nicht vergeht. Also zerlege ich die Gerüche im Zimmer, um Ordnung in die Dinge zu bringen. Lack, Wachs, Insektenspray, Schimmel, Mottenpulver ... Jede Oberfläche muss über ihre Ausdünstungen Auskunft geben, vom Häkelmuster der Tagesdecke bis zum karminroten Einband eines alten Jules Verne, der auf dem Nachttisch liegt. Wenn ein lauer Luftzug durch die Läden kommt, mischt sich alles im Licht und weckt die süße Erinnerung an den

Strand. Ich kneife die Augen zusammen, weil es mir gefällt, wenn die Welt unter meinen Lidern glutrot wird. Der feuchte Fleck an der Decke wird darin zu einem silbernen See. Ich blinzele hundert Mal. Und hundert Mal wandert der Fleck von der Decke auf meine Lider und von meinen Lidern ins Nichts. Aber wenn ich die Augen wieder aufmache, muss ich mir eingestehen, dass ich ihn nicht auslöschen kann. Außer ich stehe auf, was ich schließlich widerwillig tue, ich überlasse die Decke ihrer glatten Existenz und ihrem Horizont aus Stuck und mache mich auf den Weg, um die Schränke im Haus geruchstechnisch zu erforschen. Hinter meinem Spiegelbild im Badezimmer gibt es einen rostigen Rasierer und Zahnarztwerkzeuge, die nach Stacheldraht riechen. Und eine Dose mit Talk, deren Geruch mich für einen Moment in die Schule versetzt, in den Raum über dem Pausenhof, wo die Frau hinter meinem Rücken gesagt hat, dass ich zu ängstlich bin. Als wäre das schmutzig. Als wäre ich nicht da. Nachdem ich das Medizinschränkchen wieder geschlossen habe, verlasse ich das Bad, aber ein Teil von mir klebt noch am Asphalt und an den Echos des Pausenhofs. Zwei Sekunden bloß, aber das reicht, um meine Anstrengung zunichtezumachen, das verfluchte Zimmer zu vergessen. Und seine Bewohnerin: meine verrückte Tante. Jetzt stehe ich im Flur vor der Tür, die ich seit meiner Ankunft nicht geöffnet habe. Es ist, als würde die Zeit zwischen dem Durchgangszimmer und dem Bad, zwischen dem Bad und dem Durchgangszimmer, einen Sprung machen. Es ist, als würden meine Gedanken einen Sprung über die Existenz meiner Tante machen. Jetzt, als ich davor stehe, fällt mir auf, dass ihr Zimmer sogar das Zentrum des Hauses bildet. Dass es eine Wand mit jedem anderen Zimmer teilt, sogar mit dem Balkon. Es ist der verfaulte Kern der Villa. Jetzt, als ich darüber nachdenke, scheint seine Anwesenheit unumgänglich. Wie der atomare Wind aus der UdSSR. Meine Großmutter hat sie noch nicht vom Zug abgeholt, aber ihre bevorstehende Ankunft genügt, damit das Licht der Sonnenstrahlen kalt wird, der Sand bleich und der Geruch der Blätter unter den Bäumen modrig. Gegen sie kämpfe ich vorm Einschlafen und manchmal noch beim Aufwachen am Morgen. Ich hatte gedacht, ich könnte sie in den zehn Quadratmetern ihres leeren Zimmers gefangen halten, wenn ich es nicht aufmache. Naiver Glaube, den ich nun aufgeben muss. Mit der Vorsicht eines Geheimagenten betätige ich den Türknauf aus Porzellan, der sich entgegen meinen Erwartungen leicht drehen lässt. Und dann stehe ich im Hort des Bösen. Es sieht noch genauso aus wie in meiner Erinnerung, nur kleiner. Aber man sieht sofort, dass es ein Problem gibt. Es ist kein Kinderzimmer und auch kein Erwachsenenzimmer. Alles widert mich an: die furchtbare bordeauxfarbene Patchworkdecke auf dem schmalen Bett, der Aschenbecher mitten auf dem Nachttisch, ein Modell wie in den Cafés, gelb verfärbt an den Stellen, wo die Leute ihre Zigarette vergessen. Und dann die Schallplatten, die den Schreibtisch, das Regal und den Boden bedecken. Sie sind überall außer in dem kleinen Ziehharmonika-Schränkchen, in das sie eigentlich gehören. Ich weiche den Blicken der Sänger auf den Covern aus. Die »Stars« ihrer Jugend, die ich hasse und die sich die ganze Zeit über ihren Liebeskummer oder ihre Eltern beschweren, obwohl ihr wahres Problem ihr Haarschnitt ist. Ich bleibe auf der Türschwelle stehen, aber rechts neben dem Schreibtisch ist ein Schränkchen, das Schränkchen hat eine Tür, die Tür ein

Schloss, und zum Schloss gehört ein Schlüssel, der mich mit aller Kraft ruft. Es ist ein kleiner, rautenförmiger Schlüssel mit einem symmetrischen Muster. Ich bücke mich und drehe ihn langsam, um zu spüren, wann das Schloss unter dem Druck nachgibt. Im Inneren herrscht ein solches Durcheinander, dass ich angesichts der Lawinengefahr kurz zögere. Es ist ein Wust aus Briefen, Heften, Fotos, einem alten Portemonnaie, Prospekten, Postkarten, Bierdeckeln, einem Ticket für die Eislaufhalle. Alles unterschiedlich vergilbt, gefaltet und verwittert. Wer hat vor mir hier herumgekramt? Ich setze mich im Schneidersitz auf den Teppich und versuche, den aufsteigenden Geruch zu entziffern. Eine Mischung aus Bibliothek und Keller. Ich greife ein Foto heraus. Darauf sind zwei Kinder, untergehakt vorm Meer. Ein Mädchen und ein Junge. Meine verrückte Tante mit vielleicht elf und mein Vater, der ungefähr siebzehn Jahre alt sein muss. Hinter ihnen das offene Meer, das Wasser reicht ihnen bis zu den Knöcheln. Bruder und Schwester, mager und lächelnd, trotz der Sonne, die sie blendet. Ich suche auf ihren Gesichtern nach Hinweisen, Anzeichen. Aber außer dem lächerlichen Hut bei ihr und der grotesken Badehose bei ihm kann ich nichts Auffälliges entdecken. Nichts deutet darauf hin, dass die Dinge so böse enden werden. Hinter ihnen sind ein paar Silhouetten zu erkennen, im Profil, fast von hinten, ein Junge, der mich an Baptiste erinnert und der zweifellos normal ist. Ich wühle nach weiteren Fotos und lege mit spitzen Fingern die Zettel beiseite, die mich nicht interessieren. Da ist ein Foto, auf dem sie fünfzehn sein muss. In einem Schottenrock, der von einer großen Sicherheitsnadel zusammengehalten wird, geht sie voller Elan eine Straße entlang. Ihre Haare sind schon kurz, aber ihr Gesicht ist noch kindlich. Ein Junge ihres Alters geht hinter ihr. Er hat abstehende Ohren, blonde, zerzauste Haare, ein spöttisches Grinsen auf den Lippen. Er ist schön. Auf der Rückseite des Fotos steht: »Osmond und ich, Boulevard Saint-Michel, 1963«. Ich wundere mich über den Jungen an ihrer Seite. Er ärgert mich. Kurz möchte ich das Foto zerreißen, sie voneinander trennen. Aber meine Finger sind schon auf der Suche nach einem neuen Bild. Da ist eins, wo sie fast so ist, wie ich sie hasse. Noch jung, aber schon dick, gebeugt, mit hängenden Armen, so hässlich, dass man sich für sie schämt. In Männerkleidern, die ihr zu groß sind und nur aus Bequemlichkeit kombiniert wurden. Kleidung, um sich zu verstecken. Ihr Gesicht ist nach vorne geneigt, sodass ihre Nase in der Mittagssonne über ihrer Oberlippe einen Schatten wirft wie ein Schnurrbart. Als wäre das nicht genug, sind ihre Augen weiß, weil sie den Fotografen von unten anschaut. Sie sieht aus wie ein Monster nach einem Supergau, die Eingeweide zerfressen vom Uranfeuer. Hinter ihr lehnt meine Großmutter an der Tür eines Wagens und lächelt höflich, die Hände in den Taschen einer Holzfällerjacke, neben einer Dame, die ihre Freundin Fanny sein muss. Ich breite die Fotos auf dem Teppich aus, um ihre Gesichter zu vergleichen: das von dem verzerrt in die Sonne lächelnden jungen Mädchen mit dem Hut vorm Meer und das furchteinflößende der dicken Frau mit dem Hitlerbart. Mir wird schlecht. Es riecht nach kaltem Rauch, das Zimmer wurde schon lange nicht mehr gelüftet. Und die Gesichter auf den Plattencovern setzen mir zu. Ich muss hier raus und unbedingt einen fröhlichen Geruch finden. In der Küche zum Beispiel. Jemand hat mir erzählt, dass Parfümhersteller an Kaffee schnuppern, damit ihr Geruchssinn sich erholt. Ich achte darauf, alles wieder in eine ähnliche Unordnung zu bringen, aber bevor ich die Schranktür schließe, spucke ich ohne nachzudenken auf die Papiere. Die weiße Spucke fällt auf eine Postkarte von der Île de Ré. Ich drehe den Schlüssel im Schloss um und verlasse den Raum so leise, als würde dort ein Baby Mittagsschlaf halten. Auf der Türschwelle lausche ich in die Stille, um sicherzugehen, dass meine Großmutter noch schläft, bevor ich auf Socken bis zum Geschirrschrank im Esszimmer schlittere, hinter dessen Türen ein bitterer Geruch nach Lindenblüten und Zichorienkaffee herrscht. Ein Geruch, den ich woanders noch nie gerochen habe und der für immer und ewig der Geruch von hier, von Langeweile und von meinen zehn Jahren sein wird.

8

Die Einladung

Gehackte Leber kann unerwartete Folgen haben. In diesem Fall beschert mir die, die meine Großmutter für Baptistes Familie zubereitet hat, die Ehre, neben ihm zu liegen. In seinem Zimmer. So nah, dass ich die Wärme spüren kann, die von seinem Körper auf dem identischen Bett auf der anderen Seite des Nachttischs ausgeht. An Schlaf ist nicht zu denken. Es gibt zu viele Bilder, die sortiert werden müssen. Aber Baptistes regelmäßiger Atem mischt sich mit dem Rascheln des Windes in den Blättern zu einem hypnotischen Singsang, bei dem die Realität jede Konsistenz verliert. Der kleine Haufen meiner Kleider, die ich zu sorgfältig gefaltet auf der Kommode abgelegt habe, um Baptistes Mutter zur Hand zu gehen, verformt sich unter der Wirkung der Schläfrigkeit zu einer grotesken Gestalt. Der Spalt zwischen dem Stoff des T-Shirts und dem der Shorts bildet ein langes Maul und zwei hämische Nasenlöcher. Die zu einem perfekten Viereck zusammengelegten Socken sehen aus wie ein geschlossenes Auge und die zerknüllte weiße Unterhose starrt mich spöttisch an. Meine Kleidung vom Vortag hat mich längst durchschaut.

Heute Abend hatte ich nur Augen für Baptistes Mutter, und weder sein Vater, noch seine Schwester, noch Baptiste selbst konnten mich von ihrer Sinnlichkeit ablenken. Am Tisch bete ich, dass sie aufsteht und ihr Duft bis zu meiner Zunge durchdringt, damit ich zwischen zwei Bissen ein wenig von ihrer Ausstrahlung in mich aufnehmen kann. Ich lausche auf das Konzert ihrer Armreifen, die mich wie ein Lockvogel in die Falle ihrer mit Ringen versehenen Hände locken, während ihre rot lackierten Nägel abwechselnd auf ihre Brust und ihr Haar zeigen, das sie sich mit einer entschlossenen Geste aus dem Gesicht streicht. Ich weiß, dass ich niemals Baptiste aus ihrem Herzen verdrängen kann. Deshalb gebe ich den Mann von Welt. Gewitzt und aufmerksam wie ein dressierter Hund. Müttern zu gefallen ist eine Wissenschaft, die ich seit Anbeginn der Welt betreibe. Man kann schließlich nicht in allem schlecht sein. Außer man schaut sich das traurige Schauspiel an, das Baptistes Vater abgibt, kleiner kahler Vogel mit besorgten Augen, dessen Blick ich ausweiche, um ihn so gut es geht aus meiner Erinnerung herauszuhalten. Was sich für immer einschreibt, ist die Eleganz eines Käsesoufflés, das ich würdige, indem ich nicht vor Schmerz aufschreie, als mir der erste Bissen die gesamte Nord-West-Flanke der Zunge verbrennt. Ich erwähne Bücher, die ich nicht gelesen, und Filme, die ich nicht gesehen habe, über die ich aber alles weiß, was es zu wissen gibt. Ich ekele mich ein wenig vor mir selbst, aber die Maschine nimmt Fahrt auf, in mir jault ein Tier, wälzt sich auf dem Boden und weiß, dass diese Frau mich in einer Stunde zudecken wird, als hätte sie mich zur Welt gebracht. Beim Gedanken, dass Baptiste dabei sein wird, werde ich rot, aber er scheint mir plötzlich ganz anders jung als ich. Manche Erwachsene besitzen die Schlüssel zu wünschenswerteren Welten. Die Welt, die Baptistes Mutter vor mir enthüllt, ist weich wie Samt. Mein Herz schlägt langsamer, wenn sie mich so anschaut, mit geneigtem Kopf, zusammengekniffenen Augen, den Mund gerade so weit geöffnet, dass ich ihre Zunge an den Zähnen sehe. Als versuchte sie, sich der Gegenwart zu entziehen, um mich als Ganzes zu sehen, als blickte sie in meine Zukunft. Daran musste ich denken, als sie mich das erste Mal am Strand anschaute und kurz schwieg, bevor sie mit fröhlicher Stimme sagte: »Ah, hier haben wir einen ganz gewitzten jungen Mann«, und ich mich das erste Mal in meinem Leben wichtig und später vielleicht sogar erwachsen gefühlt habe. Als sie mir heute Abend die Tür öffnete und sich wunderte, dass ich allein zu Fuß von meiner Großmutter gekommen war, sah sie mich wieder so von der Seite an und ließ etwas zwischen uns stehen, auf der Schwelle, den Duft eines Geheimnisses, das wir den anderen nicht verraten würden. Bei ihr fühle ich dieselbe warme Berührung, wie wenn meine Großmutter mir beim Haarewaschen mit dem Krug einen Schwall heißes Wasser über den Kopf gießt, aber auf Distanz, wenn sie sich eine Zigarette anzündet, einen Ring zwischen den Fingern dreht oder eine Clementine schält. Das ist also das Leben der Familien, wenn sie vom Strand nach Hause kommen. Das Ballett der Duschen, die legere Abendkleidung, die Geige, das Tischdecken und die Gespräche bei Tisch. Erste Entdeckung: Die Familien vom Strand kennen sich untereinander. »Ich habe heute Solange getroffen, sie fahren für zwei Tage nach Houlgate und fragen, ob wir die Jungs zu uns nehmen können.« »Gérard ist auf einen Seeigel getreten, er kann den Fuß nicht mehr aufsetzen. Hast du die Bonnassis gesehen?« »Sie erträgt ihn nicht mehr, am Dienstag essen wir bei ihnen.« Zweite Entdeckung: Die Kinder haben bei allem ihr Wort mitzureden. »Ich möchte für morgen Langusten kaufen, was meinst du, Baptiste?« »Kannst du wieder deine wunderbare Mayonnaise machen?« »Clem, möchtest du nochmal in den Mickey-Club? Du kannst auch etwas anderes vorschlagen.« Auch ich bekomme ein paar Fragen gestellt, und es ist nicht immer leicht, sie zu beantworten. Auf jeden Fall ist es wirklich lieb von mir, dass ich Zeit mit meiner Großmutter verbringe, sie hat wirklich Glück. Und meine Eltern müssen froh sein, einen so höflichen kleinen Jungen zu haben. Als ich aufgegessen, Wasser getrunken und mir den Mund mit dem Rand der Serviette abgetupft habe, als ich das Geschirr in die Küche gebracht, die Gläser abgetrocknet, die Küchentücher gefaltet, im Garten mit Baptiste gespielt habe, als ich mir die Zähne geputzt und darauf geachtet habe, mich dabei nicht wie zu Hause über das Waschbecken zu beugen, sondern es ganz aufrecht und mit genauen Bewegungen zu tun, als ich mir das Gesicht gewaschen und den geliehenen, nach teurem Waschpulver riechenden Schlafanzug übergestreift habe, bin ich endlich bereit für den Kuss. Als sie sich zuerst über das Gesicht ihres Sohns und dann über meins beugt, breitet Baptistes Mutter das liebliche Klimpern ihrer Armreifen über das Kopfkissen wie ein Ballett kleiner Feen, während ein Kettenanhänger mich bedroht und mich kurz von ihren Kohleaugen ablenkt. Ich muss mich konzentrieren, damit man mir meine Aufregung nicht anmerkt, damit ich wie ein kleiner Junge wirke, der Zärtlichkeit gewöhnt ist. Ich würde gern Ton für Ton ihren Weg durchs Haus nachverfolgen. Das Parkett, das bis ins Zimmer der Schwester miaut, Fetzen eines Schlaflieds, Schritte auf der Treppe, dann die gedämpften Geräusche aus dem Wohnzimmer: das Umblättern der Seiten, das Öffnen und Schließen von Schubladen, das Geräusch von Gläsern auf dem Holz eines Beistelltischs, das Knistern eines ruhenden Hauses. Ich liege im Dunkeln, Baptistes Atem gedämpft im Hintergrund, und lasse diese Stille in mich einsickern, die keine Langeweile ist, keine Einsamkeit, kein Warten. Ihr Haus erinnert nicht an ein koloniales Anwesen auf einem Hügel, wie ich es mir vorgestellt habe. Keine Pferde mit dampfenden Nüstern in den Ställen, keine Ahnenporträts über einer imposanten Treppe. Trotzdem ist alles anders, als ich es kenne. Etwas, was keine Form, keinen Geruch, keinen Geschmack hat, ein Pulsschlag; vielleicht der Tanz der Zeit. Mit halb geschlossenen Augen denke ich an meine Großmutter, die ich allein in der Villa zurückgelassen habe. An ihre müden Brüste, die ich durch eine Spiegelung vom Bad aus gesehen habe, als sie sich in ihrem Zimmer umzog, und deren Anblick mich seither nicht loslässt. Im Halbschlaf sind sie zwei riesige Lederkoffer voll vergilbter Briefe, zwei Koffer, die ihren Rücken krumm machen. Gebeugt läuft sie im Abendlicht über einen leeren Strand und überlässt die Erinnerungen ihres Exils dem Wind. Ich sitze auf einem Hügel und rufe ihren Namen in die Nacht, aber der Sand erstickt meine Stimme zwischen den Dünen, während ich hilflos zusehe, wie diese Frau mit der harten Schale im Nichts des Schlicks versinkt.

ZWEITER TEIL

DIE MONSTER

9

Die Tante

Es riecht nach dem Zimmer. Mittlerweile riecht man den Geruch bis auf die Treppe. Seit drei Tagen ist sie da, und das Zimmer hat die ganze Wohnung verseucht. Ich gehe immer früher raus und immer weiter weg. Ich muss eine Stunde laufen, manchmal mehr, um den Gestank nach kaltem Zigarrenrauch und verfaultem Fleisch loszuwerden, der überall in mir ist, tief im unendlichen Universum meines Körpers. Man muss gegen den Wind am Strand entlanglaufen, damit der Luftzug stark genug ist, um einen durchzupusten und den Schmutz wegzutragen. Die Gischt schlägt mir ins Gesicht, malt Tränen darauf. Ich werfe mich in den Gestank der Flut, in den Lärm der Quallen, deren dumpfe Stimmen in meinem Geist widerhallen. »Was hat ihn geritten, diesen Schrank aufzumachen, es war ja nicht umsonst eine verschlossene Tür davor. Und außerdem wühlt man nicht in fremden Sachen. Was verborgen ist, muss verborgen bleiben und Schluss. Er hat sie selbst gerufen, indem er den Staub in ihrem Zimmer aufgewirbelt hat, da kann er jetzt heulen, so viel er will. Es ist kein Wunder, er war schon immer seltsam, das musste ja schlecht enden. Er bekommt, was er verdient. Wisst ihr, was die Leute reden? Es heißt, man soll besser Abstand halten. Ja, er stinkt. Er riecht nicht gut. Richtig widerlich.« Die Quallen sind die Gehirne der Ertrunkenen, die Quallen kommunizieren untereinander, und ich habe so viele getötet, dass ich sie nun im Schaum kreischen höre. Ich habe ihre Seelen befreit, als ich ihre Hirnhaut mit der Spitze meines Stocks durchbohrt habe. Hört Baptiste sie auch? Der Gedanke an Baptiste macht mich krank. Gern würde ich mich im Meer sauberwaschen, um alles zu vergessen, aber so ganz allein, ich weiß nicht. Ich habe nicht diese Leichtigkeit, mit der andere Kinder sich ausziehen und mit weit geöffneten Armen in die Wellen rennen, wie bei einem freudigen Wiedersehen. Es ist allerdings noch nicht lange her, dass ich die Schritte bis zum Strand gezählt habe, bis zu Baptiste. Fünfundsiebzig Schritte trennten mich vom Leben. Ich fragte mich nicht mehr, über welchen Schiffbruch sich die Urlauber halbnackt im Sand freuten oder welche Rettung dieses hoffnungslose Meer ihnen versprach. Ich biss selbst in überreife Pfirsiche und wusch mich anschließend von oben bis unten im Meer, betrachtete die Menge mit brüderlichen Gefühlen vom Wasser aus. Zwischen den Holzkabinen und dem Meer spielte sich auf dem schmalen Band aus Sand eine Farce ab, in der jede Familie ihre Rolle hatte. Meine eigene hatte ich perfekt einstudiert. Lakai, Quallenmörder, Mutterliebling. Die Creme auf der Haut verteilen, ein Sandwich voller Sand essen, eine Sandburg bauen, in der Sonne lesen, all das hatte ich schon gemacht, aber nie mit solchem Stolz, nie in der Hoffnung, dabei gesehen zu werden. Sogar das Meer ließ sich zähmen. Ich kannte nun seine undurchsichtigen, vormals von Monstern mit den seltsamsten Zähnen bevölkerten Tiefen, seine mütterlichen Umrisse und seine furchtsamen Gastgeber, die unter den Felsen Schutz suchten. Wie ein Adler über dem Flachland flog ich mit großen, meisterhaften Schwimmzügen über die Algenwälder, Baptiste wie eine Rettungsboje immer in Reichweite, vorneweg oder dicht hinter mir. Wenn Baptiste hinter mir schwamm, wurde dieses Vertrauen manchmal brüchig und ich stellte mir vor, dass ich ihn nur erfunden hatte. Oder dass eine Welle ihn mitgerissen, verschluckt und dann vergessen hatte. Solange ich mich nicht umdrehte, um nachzusehen, ob er noch hinter mir war, ob es ihn noch gab, wuchs meine Panik. Alles, was sich meinen Blicken entzieht, ist Fiktion. Dann wurde das Meer wieder diese zähe Brühe und der Strand ein Massengrab. Ich machte noch ein paar Züge aufs offene Meer hinaus, kostete für eine Weile die intakte Trauer aus, die kein Wort, keine feuchte Spur einer Träne verdorben hatte. Dann drehte ich mich um und sah meinen Freund, der unbekümmert zwei Meter entfernt von mir im Wasser trieb, und seine grünen Augen, die mein Kompass waren. Fünfundsiebzig Schritte trennen mich vom Strand, aber das spielt keine Rolle mehr, denn jetzt bringe ich sie noch im Halbschlaf gleichgültig und wütend hinter mich, bis in den Sprühregen und das Plappern der Quallen. »Er kann froh sein, dass es regnet, sonst wäre der Strand voll, und Baptiste wäre da. Was wird Baptiste wohl denken, wenn er die Verrückte sieht? Dass er reingelegt wurde, das wird er denken. Aber am Ende ist es ihm egal. Er wird mit den Schultern zucken und mit normalen Jungen spielen. Und seine Mutter, ihr braucht nicht zu glauben, dass sie sich Sorgen machen wird, sie wird sagen ›Ich mochte diesen Jungen nie, wie hieß er noch gleich, dein Spielkamerad letztes Jahr war mir lieber‹.

Glaubt ihr, dass sie das sagen wird? Nein, wenn ihr mich fragt, wird sie gar nichts sagen, niemand wird irgendetwas sagen.« Mir ist schwindelig, und ich habe Kiesel im Bauch, die Wut hat mich müde gemacht. Ich will nach Hause, auf dem abgewetzten bordeauxfarbenen oder grünen Sofa im Wohnzimmer lesen, vor allen Blicken geschützt. Regen oder nicht, ich gehe nie wieder raus. Noch nicht einmal auf den Balkon, wo ich der Verrückten begegnen könnte, ihr grotesker Körper für alle sichtbar auf einer Liege, rot und feucht wie eine überreife Frucht. Wenn es bloß tausend Jahre regnen könnte. Wenn es bloß bis zu ihrem Tod regnet. Ihre Anwesenheit im Haus läuft wie Strom durch mich hindurch, lädt mich auf mit einer Wut, die mich innerlich zum Kochen bringt. Sie muss sterben, bevor jemand ihre Anwesenheit bemerkt, bevor sie aus der Villa geht und Baptiste entsetzt feststellt, mit wem er es zu tun hat. »Natürlich meint er es ernst, er könnte sie umbringen, es genügt, ihre Medikamente zu mischen, es wäre nicht sein erster Mord, er hat so viele von uns getötet, wie am Fließband, wie in der Fabrik, er wollte immer noch eine und noch eine, da wird er vor einem weiteren Verbrechen nicht zurückschrecken. Ja, tausende Quallen, aus purer Freude. Es ist fürchterlich. Ohne jedes Schuldgefühl. Natürlich, ihr habt Recht, es ist nicht wirklich überraschend, in dieser Familie ist niemand normal, es würde für einen Kriminalroman reichen.« Mit dem Strand rückt auch der Lärm im Kopf in weitere Ferne, vielleicht war es nur der Wind. Weil es regnet, ist die Straße menschenleer. Oder vielleicht ist sie immer leer, und es ist mir nur noch nie aufgefallen. Ich gehe so langsam wie möglich, um nicht zu schnell anzukommen, ich bleibe sogar stehen und beobachte die Villa, als würde der Regen die Dinge interessanter machen, weil er sie unangenehm macht. Durch die Spiegelung der schwarzen Wolken auf den schmalen Fenstern wirkt es, als tobte im Haus ein Gewitter. Die hohe Backsteinfassade ist düsterer denn je. Zwei Magnolienzweige ragen durch das Gitter. Um etwas Nettes, etwas nicht Verrücktes zu tun, breche ich sie vorsichtig ab. Ich bin nicht behutsam genug, die Kapuze meiner Regenjacke stört mich, sie klebt kalt und nass an meiner Wange. Außerdem habe ich keine Schere. Baptistes Mutter schneidet die Blumen in ihrem Garten mit einer Schere, ich habe es selbst gesehen. Sie lässt sich Zeit, wählt ohne Eile eine Blume, die sie anschaut, wie sie mich angeschaut hat, mit zusammengekniffenen Augen und leicht geöffnetem Mund. Sie blickt in die Zukunft der Blume, sie sorgt sich um sie. Und dann schneidet sie sie sehr sorgfältig ab. Mit anderen hier und da, aber keinesfalls beliebig gepflückten Blumen stellt sie einen Strauß zusammen, über den sich alle Familienmitglieder freuen, und das sagen sie auch. Baptiste wird beispielsweise sagen: »Maman, ich liebe diesen Strauß, die Osterglocken sind wunderschön.« Und seine Schwester wird über die Vase sprechen, oder über einen anderen Strauß, an den sie sich erinnert und der noch fröhlicher oder weniger gut zusammengestellt war als dieser. Und sogar Baptistes Vater, Gott weiß, wie nutzlos er ist, wird immer ein nettes Wort finden, um auszudrücken, wie froh ihn dieser Strauß macht. Kaum habe ich geklingelt, empfängt mich meine Großmutter mit einem Handtuch in der Hand, zieht mich noch auf dem Fußabtreter aus und wundert sich über ihren Enkel, der draußen im Regen herumläuft und wer weiß was treibt, der pitschnass zurückkommt, der sich sicher noch den Tod holt, mit seinen Blümchen, die doch niemandem etwas getan haben.

Sie sind für meine Tante, lüge ich, während sie mich in eine Decke wickelt, als wäre ich von der Bergwacht gerettet worden. »Ach ja?« Sie wird milde, als erinnere sie das an etwas, lange vor meiner Geburt. Ich traue mich nicht zu fragen an was, so schwer fällt es mir, mir Blumen im Leben meiner Großmutter anderswo als auf Wandtellern vorzustellen. Als ich mir etwas Trockenes angezogen habe, sind die Magnolien schon geschnitten und in eins der großen Gläser gestellt worden, aus denen ich normalerweise meine Orangenlimonade trinke. »Bring sie ihr und plaudere ein bisschen mit ihr, das wird sie freuen.« Ich gehe vorsichtig, um keinen Tropfen Wasser aufs Parkett zu verschütten, eher im Spiel als aus Pedanterie, oder umgekehrt, dann klopfe ich an die Tür und öffne sie, ohne eine Antwort abzuwarten, mit der Entschlossenheit eines Schauspielers, der seine Szene spielen muss. Ich kenne meine Rolle genau. Zehn Jahre alt, Hasenzähne, große schwarze Locken und lange Wimpern, Sommersprossen auf der Nase, ziemlich schüchtern, brave Kleider, einen kleinen Strauß Magnolien in der Hand. Ich bin das Leben. Meine Tante raucht und hört Radio, die Ellenbogen auf den Schreibtisch gestützt, den ich vor ein paar Tagen durchwühlt habe. Nicht wirklich aufgestützt, eher so, als wäre sie mit der Zeit in sich zusammengesackt. Sie liegt über ihrem Schreibtisch, den Kopf in der linken Hand, den Oberkörper vorgebeugt, den rechten Arm wie vergessen in der Luft, eine ausgegangene Kippe in der Hand. Man könnte denken, sie liest, aber vor ihr steht bloß das alte Transistorradio, das einen depressiven alten Hit spielt. Sie dreht sich um, schaut einen Moment durch mich hindurch und reißt die Augen auf, wobei sich ihr Gesicht in die Länge zieht und seine ganze Hässlichkeit entfaltet, die schwarzen Stoppeln über der Oberlippe und auf dem Kinn, der graue Teint, ihre große Kartoffelnase, ihr Helm aus glattem Haar und ihr von Verbrennungen dritten Grades überzogener Hals, der sich unter ihrem verkrampften Kiefer spannt. Dann sammelt sie sich und lächelt mich mit der ganzen Fäule ihrer Zähne an. Ein ehrliches, totales Lächeln, nicht bloß die Freude darüber, mich zu sehen, sondern die Freude, meine Existenz wiederzuentdecken. Wenn jemand in der Wüste eine Rose wachsen lassen könnte, würde er sie so anschauen. »Oh, du bist es«, schreit sie lauter als nötig mit ihrer heiseren Stimme, beugt sich ohne aufzustehen zu mir, um mir unvermittelt zwei feuchte, laute Küsschen auf die Wangen zu drücken, und verschüttet dabei einen Teil des Magnolienwassers auf meine Shorts. Meine Aufgabe verkompliziert sich durch dieses Gefühl am Körper, durch die schon trocknende Spucke, die ich am liebsten mit viel Wasser abwaschen würde, aber aus Höflichkeit nicht einmal mit dem Handrücken wegwischen darf. Ich halte ihr die Blumen hin, über die sie sich sehr freut, weil sie nicht so oft Blumen bekommt, eigentlich nie. Also früher hatte sie einen Freund, der ihr welche schenkte, aber der ist tot, sie sollte mir das gar nicht erzählen, aber er ist an Lungenkrebs gestorben. Er hat zu viel geraucht. »Aber das ist nicht offiziell«, sagt sie, »er hatte mir gesagt, dass ich seinen Bruder anrufen soll, wenn ihm etwas passiert, er hatte mir sogar seine Nummer gegeben, aber ich habe sie verloren und deshalb hat Maman sie für mich im Telefonbuch gesucht.« Sie lächelt, aber ich kann sehen, dass sie vor ihrem inneren Auge düstere Bilder vorbeiziehen lässt. Das dauert eine Weile, dann kehren ihre Augen ins Zimmer zurück, sie starrt in alle vier Ecken des Raums, bevor ihr Blick auf den Magnolienstrauß fällt. Sie dreht sich zu mir und redet weiter: »Du bist jedenfalls nett, es ist nett von dir, dass du mich besuchen kommst, weil manchmal bin ich alles leid« – sie hebt den Transistor an – »sogar das Radio, ich denke dann, es wäre besser, naja, ich will nicht behaupten, dass alles sinnlos ist, verstehst du, was ich sagen will? Kannst du es dir denken? Ja, man wünscht sich, man hat keine Lust mehr zu leben, das ist normal.« Sie schluckt geräuschvoll ihre Spucke herunter, was das Gefühl auf meinen Wangen reaktiviert. Ich kann mich nicht bewegen, warte, wie es weitergeht, auch wenn ich schon weiß, was sie sagen wird und dass es mich wie immer wütend machen wird. »Ich sollte dir das nicht erzählen, vor allem weil, aber so sieht es bei mir aus, du verstehst mich doch, mit dir kann ich reden, wir sind uns ähnlich, nicht nur, weil wir eine Familie sind, auch wenn das natürlich zählt, ja das zählt.« Das war's. Sie kann es nicht lassen. Ich würde ihr gern sagen, dass ich ihr überhaupt nicht ähnlich bin, dass sie keine Ahnung hat, wer ich bin, nicht die leiseste, und dass ich sicher nicht wie sie bin, mit ihrem grottigen Geschmack und ihrem widerlichen Gestank. Ich würde sie gern anschreien, dass sie mich in Ruhe lassen soll, ihr erklären, dass ich am liebsten viele hundert Kilometer weit weg wäre, oder eigentlich nur einen Kilometer, in Baptistes Haus, umgeben von normalen, kultivierten Menschen, die nicht in einem Schrank hocken und rauchen. Und dass es mich wundern würde, dass diese Leute mich zum Übernachten einladen, wenn ich so wäre wie sie, und dass Baptiste nie mit mir geredet hätte, wenn ich so stinken würde wie sie. Aber stattdessen setze ich mich vorsichtig aufs Bett und antworte, dass es natürlich zählt, dass die Familie wichtig ist. »Die Familie?«, fragt sie verwundert, als ob ich diese abwegige Idee ins Spiel gebracht hätte. »Die Familie, keine Ahnung. Mein Vater ist schon lange tot, ich habe ihn kaum gekannt. Naja, eigentlich habe ich ihn schon gekannt. Er war, er fuhr schnell aus der Haut, das hat er von ihm, dein Vater (sie lacht). Aber für eine Frau zählt die Liebe. Es heißt nicht umsonst, eine Frau kann ohne die Liebe nicht leben, das sieht man schon in den Filmen, dass Frauen und Männer …« Sie seufzt. »Oh, es gab andere, mit denen ich eine Liebschaft hätte anfangen sollen, aber ich konnte nicht.« Sie nimmt ihren Zigarillo, der im Aschenbecher vor sich hinqualmt, sodass sie in der rechten Hand nun eine Kippe hält, während sie mit der linken raucht. Was sie auf ihre ganz eigene Weise macht, mit gestreckten Fingern, den Zigarillo zwischen Mittel- und Ringfinger. Ihr Gesicht verschwindet hinter den Lamellen ihrer Finger, und sie zieht geräuschvoll, ohne den Stummel wirklich zum Glühen zu bringen. Ich schaue ihr beim Reden zu und versuche, durch meine spezielle Mikroatmung nicht zu viel der abgestandenen Luft im Raum in mich aufzunehmen. Asche ist auf ihr XL-Hemd gefallen, das gerade so ihren dicken Bauch und ihre weichen Brüste bedeckt. Sie schüttelt den Stoff und lacht. Sie lacht, als wollte sie sich dafür entschuldigen, was sie mir erzählt hat, und auch, weil sie sich ehrlich freut, mit mir zusammen zu sein. Sie lacht, weil sie mir ihre ganze Freude schenken will. Ich sehe das und würde gern lächeln, um ihr einen Gefallen zu tun, aber ein Gedanke lenkt mich ab. Ein schrecklicher Gedanke, der mich nicht mehr loslässt. Etwas, das nicht wiedergutzumachen ist. Was, wenn ich vergessen habe, die Spülung zu ziehen, als ich bei Baptiste übernachtet habe? Es ist absurd, aber der Zweifel ist da, und ich werde ihn nicht mehr los. Ich erinnere mich genau, dass ich auf Toilette war, mir die Bilder in einer

Zeitschrift angeschaut habe, und dann kann ich mich nicht mehr erinnern, Baptiste hat mich gerufen, ich bin nach unten gelaufen und hab's vergessen. Vielleicht ist das das letzte Bild, das Baptiste von mir behalten wird. Und ich werde es nie erfahren.

10

Der Grum

Sie trägt eine schwarze Strickjacke über einem orangen, weißgeblümten Kleid. Es ist eher ein Kittel als ein Kleid, mit einem tiefen V-Ausschnitt, sodass man die Haut auf ihrem Hals sieht, dick, von Adern durchzogen und faltig wie die auf ihren Händen. Sie macht den Abwasch, und ich denke, dass meine Großmutter die Hände immer im Wasser hat. Sie trägt blaue oder graue Kniestrümpfe in Plastiksandalen. Sieht Großmutter wie eine Hausfrau aus? Würde eine Hausfrau getönte Brillen tragen? Von meinem Hocker aus betrachte ich sie. Ich mache nichts. Bald wird sie ärgerlich werden. Weil ich nichts mache, weil ich sie so anschaue. Sie wird mich wie eine Fliege verjagen, mit einem Zungenschnalzen. Aber ich kann den Moment noch ein wenig in die Länge ziehen, sie beobachten, solange ich keinen Ton von mir gebe. Das ist meine Art, sie zu lieben. Wie ein Hund. Manchmal genügt das, es ist fast so etwas wie Glück. Wenn es auf der Welt nur uns beide gäbe, wäre alles gut, es wäre sogar schön. Ich würde ihr zuschauen, wie sie mit ihrem Transistorradio von einem Raum zum anderen spaziert und sich in einem endlosen

Labyrinth aus aufeinanderfolgenden Zimmern zu schaffen macht. Ob sie nun die Wäsche faltet oder bügelt, das Gefühl ist dasselbe, wie wenn sie mich wäscht. Ein schläfriger Bach fließt mir den Nacken hinunter. Die Magie ihrer Hände. Ich kenne kein melancholischeres Schauspiel als das ihrer Hände. Wenn sie mittags schläft, lasse ich meine Finger über die schroffe Landschaft ihrer Adern wandern, die das Feld der braunen Flecken ihrer welken Haut bewässern. Gut sichtbare, hervortretende Adern, nach denen ich mit zwei Fingern greife, die mir aber immer wieder entwischen, beweglich und empfindlich. Furchterregend verletzlich. Es gibt den soliden Körper meiner Großmutter, ihre harte Schale, und es gibt ihre Hände, zitternde, fleckige Blätter, in denen der Tod sein ganzes Genie zum Ausdruck bringt. Während sie schweigend enthülst, habe ich wieder ihre blutleeren Brüste im Spiegel vor Augen, die vertrockneten Brüste, nach innen gesaugt von der plärrenden Gefräßigkeit der Kriegskinder, die vor Müdigkeit leeren Brüste. Ist ihr Hintern auch leer? Und werde ich auch eines Tages leer sein? Hör auf mit deinem Knie. So, jetzt ärgert sie sich über mich. Wie wenn ich sage, es kratzt mich, statt es juckt mich. Hast du nichts zu tun? Ist der Junge nicht da? Der Junge ist Baptiste, aber das interessiert sie nicht. Mich auch nicht, heute interessiert er mich nicht. Eine Art Gleichgültigkeit. Ich möchte lieber zu Hause Wäsche falten. Meiner Großmutter zuhören, wenn sie von ihrer Ankunft in Paris erzählt, Gare de l'Est, als ihre Cousine vergaß, sie vom Bahnhof abzuholen, oder von der Nacht, als sie dachte, dass nun das Ende gekommen ist, weil die Soldaten hinterm Stacheldraht an der Grenze deutsch sprachen, aber es waren Schweizer Soldaten, und sie waren gerettet. Ich will, dass sie mir wieder von der Polenta erzählt, die sie im Flüchtlingscamp aßen, und vom Keuchhusten, der meinen Vater fast das Leben gekostet hätte. Von Monsieur Dupont – danke, Monsieur Dupont, muss man dann sagen –, weil er der Kommissar war, der meinen Großvater davon abbrachte, sich zu melden. Dass sie von ihrem Bruder erzählt, der im deutschen Kugelhagel starb, mit seiner Frau und seinem Sohn, irgendwo an der polnischen Grenze. Ich möchte, dass sie mich in ihren Erinnerungen wälzt, während sie Taschentücher bügelt, die sie sich später in den Ärmel steckt. Je grausamer, desto besser. Und sie zum Lachen bringen. Es ist unglaublich, wenn ich sie zum Lachen bringe, es ändert alles. Wie als ihre Cousins aus Israel uns besucht haben und sie getrunken und gelacht hat. Das hatte ich noch nie erlebt. Das chinesische Tablett, die kleinen Brandygläser, alles, was normalerweise im Glasschrank im Esszimmer schläft, plötzlich nützlich. Und der Hals meiner Großmutter bog sich, als sie lachte. Es gibt ein Foto von diesem Nachmittag. Scheußlich wie alle, die sie macht. Darauf sehen wir arm aus. Auf einem roten oder grünen Samtsofa gestapelt, befangen als wären wir Fremde. So ist es auch, wenn sie mich im Jardin du Luxembourg oder auf dem Balkon fotografiert. Immer mit Gittern im Hintergrund. Die Fotos meiner Großmutter sind peinlich. Sie sind nicht wie die der anderen, sie scheinen früher, woanders und immer im Novemberlicht aufgenommen worden zu sein. Mit meinen Sachen von C&A, meinen zu dicken, zu lockigen Haaren, meinen Hasenzähnen und meiner Tante, die zwischen zwei Wandtellern vor sich hin sabbert. Ihre Lieblingsfotos landen in goldenen Rahmen, in denen früher vergessene Verwandte waren und in denen alle aussehen, als wären sie tot. Ich als

Kind im gelben Ölzeug am Strand, tot. Meine Tante am Tisch auf dem Balkon neben der Regenrinne, tot. Andere Leute, über die ich nicht sprechen will, tot. Und natürlich der Großvater, der noch toter aussieht, weil er tatsächlich tot ist, und mit seinem besorgten Blick durch jeden Raum geistert. Dieser Mann, dessen Leichnam für mich der Eisenschrank im Telefonzimmer ist, in dem ein paar unlesbare Mikrofilme und Akten mit mikroskopischer Schrift herumliegen. Niemand spricht über ihn, außer meine Tante, die ihn manchmal »Papa« nennt. Zuerst denke ich immer, sie redet von meinem Vater. Und wenn ich dann verstehe, dass sie von ihrem spricht, kann ich mir dieses seltsame Gespann nur schwer vorstellen, das einträchtig in der Wohnung in Paris lebt. Kinder, die bei den ersten Sonnenstrahlen sonntags das elterliche Bett entern und sich unter die Fittiche der Familie flüchten. »Fittiche«, dieses seltsame Wort, das mich an einen großen Vogel denken lässt und wahrscheinlich von Liebe, Zärtlichkeit und fröhlichen Küssen erzählen soll. Dieses Wort passt nicht zu ihnen, ebenso wenig wie »Kind«, unvereinbar mit den beiden Zombies, die meine Tante und mein Vater sind. Bei uns gibt es keine Fittiche und kein Kind. Es gibt nur Überlebende, die zwischen Geistern umherirren. Es ist bald Zeit fürs Mittagessen, das wir schweigend beim *Jeu des mille Francs* aus dem Radio zu uns nehmen werden. Meine Tante wird in ihrem Zimmer bleiben, sie fühlt sich nicht gut. In Wirklichkeit weiß ich genau, dass sie beleidigt ist wegen dem Diabolo. Heute Morgen wollte ich das grüne Diabolo ausleihen, das im Schrank neben ihrem Bett liegt, zwischen anderen im Zement ihrer Jugend versteinerten Dingen. Unnötig zu sagen, dass ich noch nie gesehen habe, wie sie es benutzt hat. Als ich in

ihr Zimmer kam, summte sie hinter dickem Zigarillo-
qualm an ihrem Schreibtisch ein trauriges Lied, die nackten Beine voller sehr schwarzer Härchen. Ich musste mich
konzentrieren, um sie nicht anzugucken und auch nicht
zu viel Luft einzuatmen. Weil ich gut gelaunt war, bin ich
es normal angegangen, ich habe einfach gefragt: »Kannst
du mir dein Diabolo leihen?« Sie wurde wütend und
schnauzte mich an, ich solle nicht in ihren Schränken her-
umwühlen, was mir sehr seltsam erschien, weil ich ja den
ganzen Sommer in der Villa nichts anderes mache als genau das. Außerdem könnte es sein, erklärte sie mir, während die riesige Asche auf ihrem winzig gewordenen Zigarillo zitterte, dass sie diese Woche selbst an den Strand
gehen und das Diabolo benutzen würde. Ich sah sie lächelnd an, weil ich nicht wollte, dass mein Herzschlag
mich mitriss in den Takt der Wut, und atmete trotz der
Erstickungsgefahr tief ein. »Gut«, sagte ich und schaute an
ihr vorbei durchs Fenster zu den Wolken, um dort in Gedanken etwas in die Luft zu jagen. Als ich ihr Zimmer ver-
ließ, schwor ich mir, dass sie ihr Diabolo vergessen konnte, weil ich mir bei der ersten Gelegenheit, beispielsweise
wenn sie tot war, eine Nachttischlampe daraus machen
würde. Wenigstens entgehen wir so dem gemeinsamen Essen, wo wir zuhören müssen, wie sie ihre Suppe schlürft
wie ein Tier. Daran denke ich, während ich den Tisch decke und trotzdem einen Teller für sie dazustelle, weil meine Großmutter mich gleich auffordern wird, nach ihr zu
schauen und sie nett zu bitten, sich doch zu uns zu setzen.
Aber ich stelle ihr das nicht zum Rest passende Glas hin,
das Messer, das an der Schneide schwarz verfärbt ist, und
den am meisten abgenutzten Emailleteller. Ich praktiziere
die Kunst der unsichtbaren Beeinträchtigung, der Mini-

bestrafung. Das ist der Grum. Eine dunkle Wissenschaft, die ich entwickelt habe, um ihre Welt von meiner zu trennen, und die jederzeit höchste Aufmerksamkeit erfordert. Immer das Beste für mich und meine Großmutter, und für sie den Grum: die angefaulte Frucht, das hässliche Handtuch, das zu lange in der Waschmaschine gelegen hat und seither modrig riecht, das Glas, an dem ein getrocknetes Stück Fruchtfleisch einer Orange klebt. Der Grum organisiert voneinander getrennte Räume, in denen er durch die Gnade der Fäulnis sein böses Werk vollbringt. Aber an diesem Mittag werde ich mit meiner Großmutter allein sein und keinen Gedanken an Boshaftigkeit und Grum verschwenden. Die Suppe essen und das Radio den Takt vorgeben lassen, gleichgültig gegenüber der Welt, von der es erzählt. Ich will das Nichts, das Gewohnte, die Ruhe. Wie ein Prinz allein am Tisch sitzen und das Kommen und Gehen meiner Großmutter zwischen Esszimmer und Küche beobachten. Wie sie das Essen bringt, das sie eben zubereitet hat, wie sie wieder aufsteht und das Salz holt oder eine Karaffe Wasser. Nur für mich. Ihr nicht sagen, dass mein liebster Moment der ist, wenn sie neben meinem Teller steht und den Schinken mit ihrer großen Küchenschere klein schneidet und es sich anhört, als würde sie dicken Stoff teilen. Sondern nur noch mehr Schinken verlangen, damit sie aufsteht, ihre Hände an der Schürze abwischt und dieses stumme Lied anstimmt. Sie dann abräumen lassen, während ich mit baumelnden Beinen Orangensaftlimonade trinke, die Ellenbogen auf den Tisch gestützt, und mir vorstellen, dass diese Zweisamkeit, unsere Zweisamkeit, sicher die schönste ist, die sie je gekannt hat.

11

Der Strand

Heute Morgen sind die düsteren Gedanken wieder da gewesen. Sie haben sich im Nebel des Halbschlafs ins warme Bett geschlichen. Ich dachte »vielleicht eines Tages mit Baptiste«, und da habe ich mich erinnert. Eines Tages werde ich zum Wehrdienst eingezogen. Für mehrere hundert Tage die Mittelmäßigkeit eines Umkleideraums ertragen. *Ein Fußfeger.* Den anderen Jungen völlig ausgeliefert. *Er packt seinen Schwanz aus.* Keine Mutter weit und breit. *Dumme, grausame Streiche.* Jungen, die ihre Kraft messen, indem sie die Schwächsten niedermachen. *Achseln, Oberkörper, Genitalien, nur um euch zu demütigen.* Die Gewalt als Spielregel. *Sie wecken euch in der Nacht.* Kein eigenes Zimmer, kein Bad, Gemeinschaftsduschen und Schlafsäle. *Sie bespucken euch.* Kein Ort, wo man vor den Wachen sicher ist. *Der Erwachsene tut, als hätte er nichts bemerkt.* Es wird geschrien, laut gelacht, provoziert. *Auf deinen Spind hat jemand Schwule Sau geschrieben.* Es muss beim Wehrdienst einen Baptiste geben, und selbst das genügt vielleicht nicht. Hoffentlich gibt es trotzdem einen. Oder besser ausgemustert werden. Aber die Leute in den Büros mögen mich nicht, die Ärzte mögen mich nicht, die Damen im Schuldienst mögen mich nicht. Etwas an mir nervt sie. Darüber kann ich mit Baptiste nicht reden, weil er das nicht verstehen kann, er würde eine Braue hochziehen und die Augen weit aufreißen, wie wenn er nicht versteht, worauf ich hinaus will. Und er würde denken, dass mir alles Angst macht. Warum »alles«, wenn am Ende der Wehrdienst steht? Was danach kommt, die Freiheit, sehe ich nicht, weil die Uniform meinem Glauben an die Zukunft im Weg steht. Sie steht zwischen mir und dem Erwachsenenalter, wie eine Demütigung, die mir so groß erscheint, dass ich nicht sicher bin, ob ich mich von ihr erholen kann. Kein gegenwärtiges Glück hat vor dieser Aussicht Bestand. Das stachelt die Quallen an, ihre Stimmen reden alle durcheinander, eine dumpfe Kakophonie im Kopf, wie ein Tonband, das man etwas zu langsam abspielt, wie fünfzehn Tonbänder gleichzeitig. Davon wird mir schwindelig, das verhindert die Suche nach Lösungen. Jedenfalls muss ich weg vom Strand. Meine Tante möchte das Meer sehen. Vielleicht sogar baden. Es musste so kommen. Ausgerechnet heute. Wenn ich daran denke, am Strand mit ihr gesehen zu werden, wird mir ganz heiß im Gesicht. Wut steigt auf. Ich habe dieses Leben so satt, dass ich Gott beschimpfe, leg los, Gott, vernichte mich ruhig, wenn du auf Erden nichts Dringlicheres zu tun hast. Um mich zu beruhigen, ziehe ich mich so langsam wie möglich an, beim kleinsten Zwischenfall, bei der kleinsten Ungeschicklichkeit fliegt alles in die Luft. Der Deckel auf der Zahnpastatube, der sich nicht zudrehen lässt, bringt die Wut zum Überkochen, wenn er mir wehtun will, soll er mir richtig wehtun, ich drücke den Deckel so fest ich kann auf meinen Handrücken, ich will Blut, beiße die Zähne zusammen, bis sie knirschen. Ich fühle mich ohnmächtig, in die Enge getrieben, ich hasse mein Leben, ich will mir die Wangen zerkratzen, aber das würde man sehen, und was soll ich dann meiner Großmutter sagen. Deshalb gehe ich auf mein Handgelenk los, wo die Haut dünn ist, ich bohre den Nagel so fest es geht hinein und beschimpfe Gott, der ausgerechnet den heutigen Tag zum schönsten Sonnentag des ganzen Sommers machen musste und sich damit amüsiert, meiner Tante einzureden, sie müsse ausgerechnet heute im Sand stranden. Ich weiß nicht, wie ich nur eine Sekunde daran glauben konnte, diesen Sommer glücklich zu sein, dass es anders sein, dass Baptiste mein Freund werden würde. Ich habe mich lächerlich gemacht bei meinem Versuch, wie er zu sein. Dieses ganze Getue bei jedem Gedanken an ihn muss dich bestens unterhalten haben, Gott. Und das Schlimmste ist, dass sie fröhlich ist, sie summt eines ihrer schrecklichen Chansons, »qui saura, qui saura, qui saura«. Ja, bald werden alle wissen, wie die Leute in dieser Familie tatsächlich aussehen. Ich sammele die Matten und Handtücher im Flur auf, Großmutters kleinen Klappstuhl mit dem großen Blumenmuster. Auch das ist unerträglich, diese braunen Blumen immer und überall: Geblümte Kittel, geblümte Blusen, geblümte Handtücher, diese absurde textile Fröhlichkeit. Es ist furchtbar, ich bin genau wie sie, dieselbe Wut. Alles, nur nicht sein wie sie, nicht wie sie, nicht wie sie, ich habe Tränen in den Augen, den Kopf voller Quallen. Meine Großmutter hält mir einen Ball hin, den ich noch nie gesehen habe. Einen Ball, den sie heute Morgen im Supermarkt gekauft haben muss und der mich ein wenig beruhigt, weil mein Gott, es ist so absurd, ein Ball, fast muss ich lachen, weil ich keine Ahnung habe, was ich damit

anfangen soll. Eine Welle der Zärtlichkeit für meine Großmutter durchströmt mich, eine kühle Welle, die das
Fieber senkt. Ich konzentriere mich auf den weißen Ball
in der Größe einer Pampelmuse, mit seinen perfekten
schwarzen Fünfecken. Ein einfaches Motiv, beruhigend,
keine Blume weit und breit. Vielleicht wird es besser,
wenn ich nur noch an diesen Ball denke. Plötzlich bin ich
leer, wie nach Tränen. Also lasse ich mich tragen. Folge
dem Ball bis an den Strand. Wie schön meine Großmutter auf der Straße aussieht, ihre kurzen Haare im Wind,
eine Matte unter den Arm geklemmt, eine schwarze
Strickjacke und eine orange Kittelschürze, den Ball zwischen beiden Händen, eine oben, eine unten, als würde sie
über die Weltkugel wachen. Hinter ihr eine dicke Verrückte und ein Kind. Sie hält unsere Welt in ihren robus-
ten Händen. Schade, dass ich es ihr nicht sagen kann, weil
ich zu beschäftigt bin, meinen Hass auf meine Tante zu
richten, die stinkend und keuchend wie ein Walross hinter uns her schlurft. Zum Strand muss man nur die Straße hinunter, kaum hundert Meter, die sich aber endlos
hinziehen wie ein Blaskapellenumzug. Am Ziel nichts als
das Meer und ein (geblümter) Sonnenschirm, um sich zu
verstecken. Ich frage mich, ob sie aufgibt und umkehrt,
wenn ich es schaffe, die Luft bis zum Fußgängerüberweg
anzuhalten. Das passiert manchmal, gar nicht so selten
sagt sie: »Mir geht's nicht gut, ich geb's auf, ich geh wieder nach Hause«, und kehrt zurück zu ihren Zigarillos.
Das ärgert mich immer, denn wer bitte gibt auf beim Spa-
ziergang in den Park, zum Einkaufen oder zum Essen bei
den Rapps? Das ärgert mich, weil in mir ein dünner, sehr
zarter Faden gespannt ist, ein unsichtbarer Faden, den ich
nicht spüre, von dem ich aber weiß, dass er eines Tages

reißt, dass ich ihn eines Tages durch die Wut, die ins Handgelenk gebohrten Fingernägel, die Verzweiflung zerreißen werde und dann aufgeben, und daran will ich gar nicht denken. Ich will nicht an die Nachmittage denken, die ich reglos in Mikroatmung verbringe, wenn das leere Wohnzimmer der Villa zur Zeit wird, wenn ich weiß, dass die Zeit nicht vergeht, solange ich auf dem Sofa hocke, Staub ansetze und aus den Augenwinkeln ein Donald-Duck-Heft anschaue, das ich schon ewig habe, in dem ich aber jedes Mal neue Geschichten finde, auf die ich keine Lust habe, so wie ich keine Kraft habe aufzustehen, weil es nichts zu tun gibt. Außer vor mich hinzustarren. Aber jetzt sind meine Füße im Sand, jetzt habe ich die Badelatschen ausgezogen, jetzt versinken meine Zehen im weichen, lauwarmen Sand, und sie ist immer noch da. Jetzt hat sie die Kraft, sich wie ein junges Mädchen auf eine Matte zu werfen und Shorts und Hemd auszuziehen, damit das giftige Grün ihres Badeanzugs leuchten und kein Strandgast sie mehr übersehen kann. Während ich mich, vorsichtig durch den Mund atmend, auch ausziehe, betrachte ich den Körper meiner Tante. Diesen Körper, der immer unter weiten Hemden mit auffälligen, grafischen Motiven verborgen ist. Der kein Frauenkörper, sondern ein Verrücktenkörper ist. Unförmig. Ein ungepflegter, ungeliebter Körper, bedeckt mit Härchen und Scham, dick, seiner Traurigkeit überlassen. Ich betrachte ihren verbrannten Hals, die vernarbte Haut vom Kinn bis zur Brust, die behaarten Achseln und Beine, die Flecken, die Wunden des Alltags, die Muttermale, um die sich niemand kümmert, die langen, gelben Zehennägel, die trockene, rissige, durchscheinende Haut, die krausen Haare, die am Schritt herauslugen, ekelig. Ich stelle mir tausend

Gerüche vor, und mir wird übel. Ich könnte diesen Körper nicht eincremen, ich könnte nicht einmal meiner Tante dabei zusehen, wie sie diesen Körper eincremt, oder noch schlimmer, eine Mahlzeit zu mir nehmen, die meine Großmutter zubereitet hat, nachdem ihre Hände diese Haut eingerieben haben. Es fällt mir sogar schwer, im selben Ozean, im selben Meer zu baden, ich weiß schon jetzt, dass ich mich fernhalten muss von der Stelle, wo meine Tante das Wasser des Ärmelkanals verpesten wird. Aber als meine Großmutter ihr Transistorradio anschaltet und unsere Anwesenheit weithin hörbar macht, droht eine Gefahr, die noch größer ist als die Ausdünstungen des Wahnsinns. Baptiste. Baptistes Augen, in denen der Anblick meiner Tante und mein Anblick bald zu einer einzigen abscheulichen Lache verschmelzen werden. Baptiste, dessen Umriss schon in der Ferne aufblitzt. Kaum ausgezogen, renne ich auf ihn zu und frage mich, wie viel Sand es für eine Düne braucht und wie viele Dünen nötig sind, um der Schande den Weg abzuschneiden. Aber Baptiste ist es egal, woher ich komme, Baptiste hat nur Augen für die Wellen. Ich grüße von Weitem seine Mutter, die zur Antwort mit ihrer Zigarette winkt. Ihre Haut schimmert golden wie ein Brot, und ihre blonden Haare werden von einem schwarzen Haarreifen zurückgehalten, passend zum Bikini, in dem sie wie ein Filmstar aussieht. Baptistes Vater und Schwester sind nicht da, »sie sind sich den Teppich von Bayeux anschauen«, erklärt Baptiste mir, eine riesige Stickerei, so lang wie ein TGV, die die Geschichte von Wilhelm dem Eroberer erzählt. Baptiste liebt Mittelalter-Geschichten, er weiß alles Mögliche über Chlodwig und die Franken, und ich traue mich nicht, ihm zu sagen, dass diese Leute mich so sehr langweilen wie das Meer, in dem ich hinter ihm her paddele. Er brennt darauf, mir etwas in der Nähe der Boje zu zeigen, der kleinen, schwimmenden Insel, an die er sich gern klammert, um die Welt von dort zu betrachten. So verankert schaukelt Baptiste rittlings auf dem Plastikblock, während ich um ihn herum im Kreis schwimme, mich auf dem Rücken treiben lasse und mit ihm plaudere, bis wir den Platz tauschen, damit ich wieder zu Atem kommen kann, auch wenn mir der Gedanke an die am eisigen Meeresgrund befestigte Kette nicht geheuer ist. »Ich schwöre, schau genau hin«, sagt Baptiste und wedelt mit seiner Schwimmbrille herum, »gleich neben dem bewachsenen Fels.« Ich tauche kopfüber ins Wasser. Diesen Teil vom Meer kenne ich in- und auswendig. Die Boje ist unser Baumhaus. Baptistes Eltern können uns sehen, was sie beruhigt, aber sie können uns nicht hören, was uns gelegen kommt. Und Baptistes Schwester kann noch nicht so weit schwimmen, deshalb sind wir ungestört. Dort finden die meisten unserer Unterredungen statt, im Wechsel mit der Erforschung des Meeresgrunds. Heute Morgen vor meiner Ankunft hat Baptiste einen Rochen gesehen, wahrscheinlich einen Mantarochen, versteckt im Sand in drei Metern Tiefe. Allerdings ist es selbst mit Baptistes Brille dunkel, und sobald ein wenig Wind weht, sieht man gar nichts mehr. Egal, oder umso besser. Unsere Schätze sind im Halbdunkel wertvoller. Ein Rochen wäre was Besonderes. Wenn Baptiste oben auf seiner Boje hockt, wenn er für mich das Meer im Auge behält, wenn er mich beschützt, ist es wunderbar, schwerelos durchs Wasser zu gleiten und in Zeitlupe mit den Flossen zu schlagen wie meine bionischen Idole aus *Der Sechs-Millionen-Dollar-Mann*. Meine Unterwasserwelt kennt keine Wut. Dort herrsche ich allein. Wie meine Bewegungen werden meine Gedanken durch die Wassermassen gedämpft. Wie mein Körper werden meine Ideen leicht und durchlässig. Solange der hastig aufgesogene Sauerstoff in meiner Lunge reicht, ersticke ich die Außenwelt. Genügend Zeit für eine Krabbe, sich unter einem Stein in Sicherheit zu bringen, oder für einen Fischschwarm, in einem furchtsamen Ballett das Weite zu suchen. Die Meeresfauna zeigt sich mir im Vorbeischwimmen, und ich liebe ihre Schüchternheit. Sie passt zu mir. Ich kann alle verstehen, die sich beim leisesten Geräusch im Sand vergraben, denen die eisige Einsamkeit der Felsen lieber ist als das Feuer einer Begegnung, die sich aus der Ferne, aus den Augenwinkeln beobachten. Sind diese Umrisse im Sand Baptistes platter, regloser Mantarochen? Es kommt mir vor, als würde eine winzige, von einem Flossenschlag aufgewirbelte Staubwolke seine Anwesenheit verraten. Ich muss wieder nach oben, aber ich weiß, dass das genügt. Es braucht keine Geschichten von Rochen, die mit Flügeln schlagen oder einen Katzenfisch verschlingen, um Baptistes Interesse zu wecken. Schon die Wahrheit begeistert ihn. Von seiner Boje aus stellt mir mein Freund tausend Fragen. Er möchte alles über meine zwanzig Sekunden dauernde Expedition wissen. Aber auch, wer diese Dame ist, die mit meiner Großmutter gerade zum Wasser geht. Ich drehe mich um. Da sind sie beide, am Ufer, keine fünfzig Meter von uns entfernt, gut sichtbar, aber Gott sei Dank nicht zu hören. Sie humpeln über ein schmales Band aus Muscheln, die die Wellen an den Strand gespült haben. Dieser Streifen, der so schön knackt, wenn man mit Badeschuhen darüberläuft, an dem man sich aber auch schneiden kann, wenn man barfuß ist. Ich schaue sie an und würde sie gern wie Baptiste sehen können, neugierig, gleichgültig. Oder auch amüsiert. Aber für mich haben diese dicken Körper in schlecht sitzenden Badeanzügen nichts Amüsantes, weil es ihr Blut ist, das in meinen Adern fließt und dessen giftige Wirkung mir Angst macht. »Das ist meine Tante«, stammele ich, »sie ist vor ein paar Tagen angekommen.« »Und wo sind ihre Kinder?«, fragt Baptiste. »Sie hat keine.« »Und ihr Mann?« »Sie hat keinen.« Baptiste nickt ganz leicht mit dem Kopf, wie wenn man eine neue Art entdeckt hat. »Okay«, sagt er. Und zwei oder drei Wellen später: »Sie sieht nett aus.« Als er ins Wasser springt und ich an seiner Stelle auf die Rettungsboje klettere, kichere ich verlegen. »Nett« ist eine seltsame Beschreibung für meine Tante. Baptiste ist nett, weil er die Befragung beendet hat und wieder schwimmen gegangen ist. Während er wieder und wieder untertaucht und mit einer ausgedachten Crew spricht, antworte ich abwehrend auf die kreisenden Armbewegungen meiner Tante, die immer weiter ins Wasser geht und dem Anschein nach zu mir möchte. Nach wenigen schwerfälligen, aber erstaunlich kräftigen Schwimmzügen befindet sie sich auf halbem Weg zwischen Strand und Boje. Sie kann mit den Füßen noch den Boden berühren und steht bis zum Hals im Wasser. Und sie lacht, sie lacht mir zu und ruft sehr laut meinen Namen. Ich höre sie kaum, aber die Leute am Strand sicher umso lauter. Das alles ist mir schrecklich peinlich, meine schlimmsten Befürchtungen werden wahr. Der öffentliche Auftritt, rittlings auf der gelb-roten Boje, den mir diese unansehnliche Meerjungfrau verschafft. »Ist das kalt!«, schreit sie mir zu und lacht und lacht, wie Baptistes kleine Schwester am späten Nachmittag, wenn sie so aufgeregt und fröhlich ist, dass sie jeden Augenblick in Tränen ausbrechen kann. Ihr heiseres, kehliges Lachen lenkt die Aufmerksamkeit der Badegäste auf uns, sie lassen ihre Blicke von ihr zu mir wandern, während ihre Gedanken wie der sanfte Morgenwind durch ihre Köpfe ziehen. »Armer Junge, wie er da ganz allein auf seiner Boje hockt, seine Mutter ist seltsam, wirklich seltsam, warum brüllt sie so, sie muss gestört sein«, um dann den Strand nach einem möglichen Vater abzusuchen und sich vorzustellen, wie diese Dame mich von der Schule abholt, »komische Familie«, während sie an ihre eigene denken, sich von unserer Fremdartigkeit bestätigt fühlen und froh sind, nicht wie wir zu sein. Jetzt schaut auch Baptiste zu ihr hinüber. Er schwimmt auf der Stelle und beobachtet sie. Ich möchte, dass sie geht, ihr sagen, alles klar, ich hab dich gesehen, alle haben dich gesehen, du kannst zurück auf deinen Platz, danke. Aber sie scheint fest entschlossen, bis zu mir zu schwimmen, und meine Scham verwandelt sich in Angst, als ich begreife, dass die Strecke, so kurz sie auch ist, ihre Kräfte völlig übersteigt. Sie ist zu aufgeregt oder sich der Blicke, vor allem meiner, zu sehr bewusst. Ihre Bewegungen sind unkoordiniert, und sie ist außer Atem. Ich will gar nicht an die Demütigung denken, wenn sie jetzt ertrinkt. Und dann auch noch im gekennzeichneten Bereich, wo man fast überall stehen kann. Und diese Gewissheit, dass ich mich nicht rühren würde, wenn sie untergeht, und dass mich das zum Monster macht. Sie versucht weiterzuschwimmen, hustet, hustet so sehr, dass sie Wasser schluckt und noch mehr hustet, macht noch ein paar Schwimmzüge, aber in umgekehrter Richtung. Dann finden ihre Füße Halt, sie richtet sich auf und räuspert sich sehr laut und zieht die Nase hoch, wie sie es morgens immer macht, was mich entsetzlich anwidert. Dann spuckt sie, »das kommt von den Zigarillos«, sagt meine Großmutter, wenn sie meinen angeekelten Blick sieht. Aber jetzt ist sie nicht im Badezimmer vorm Waschbecken, sondern steht am Strand Jean Mermoz bis zur Hüfte im Wasser und räuspert sich zwei, drei, vier Mal, als wollte sie sich übergeben. Ich starre sie entgeistert an. Besser hätte es kaum kommen können, um bei Baptiste in Ungnade zu fallen. Die Kinder, die eben noch im Wasser gespielt haben, rücken von ihr ab, wie an dem Tag, als ein toter Fisch auf dem Wasser trieb und sich niemand herantraute, um ihn aufzuheben. Sie beugt sich vor, und die Leute schauen besorgt zu ihr, auch die, die sie bis eben noch nicht bemerkt hatten, sogar meine Großmutter schaut von ihrer Lektüre auf. Aber die Gefahr ist gebannt, und meine Tante durchquert das Wasser wie ein Soldat im Vietnamkrieg, der durch einen Fluss watet, erschöpft und in ein Selbstgespräch über das Erlebte vertieft, schwankend auf meine Großmutter zu, die ihr die grüne oder blaue, am Morgen mit Wasser gefüllte Flasche reicht. Und in diesem Moment ist mein einziger Gedanke, dass ich aufpassen muss, heute nicht daraus zu trinken. Dann schaue ich schnell zum Sonnenschirm von Baptistes Mutter, aber sie scheint von alldem nichts mitbekommen zu haben. Sie liegt auf dem Bauch und liest, den Rücken dem Meer zugewandt. Baptiste betrachtet ungerührt den Strand, setzt dann, ohne mich anzuschauen, die Schwimmbrille wieder auf, die er in die Stirn geschoben hatte, und verschwindet unter Wasser.

12

Die Jungen

Nichts ist mir fremder als Jungen in meinem Alter. Wahrscheinlich wegen der vermuteten Ähnlichkeit. Baptiste beispielsweise fügt sich immer perfekt in seine Umgebung ein. Wenn er viel am Strand ist, nimmt seine Haut die Textur von Sand an. Ferien stehen ihm gut. Er passt so gut ins Bild, dass ich immer eine Weile brauche, um ihn im Gedränge zu entdecken. Er ist die Bewegung. Sein Körper setzt die Welt in Bewegung, während bei meinem alles ins Stocken gerät. Ich habe etwas Starres an mir. Er lacht über mich, weil ich nichts hinbekomme, ich kann mich weder auf einem Surfbrett halten, noch Kraulschwimmen, noch ein Rad schlagen. Alles, was zu schnell geht, macht mir Angst. Was mich aber am meisten fasziniert, ist nicht das, was er kann und ich nicht. Was Baptiste zu einem echten Jungen macht, einem besonderen Jungen, ist, dass er dafür nichts weiter braucht. Ich dagegen muss mich ununterbrochen konzentrieren. Ich muss immer daran denken, in jedem Satz, in jeder Bewegung, jedem Einfall eine Jungen-Absicht durchscheinen zu lassen, oder das, was ich mir darunter vorstelle, weil ich immer Angst habe, enttarnt zu werden, und diese Angst ist umso schwerer zu ertragen, weil ich nur eine vage Idee davon habe, was ein echter Junge sagen, machen oder denken soll. Baptiste muss sich darüber keine Sorgen machen. Er ist nicht wie die Idioten in der Schule, die sich durch Gewalt oder Macht beweisen müssen, oder wie ihr Gefolge, das ihnen mit seinem falschen Lachen die Treue schwört. Letztens am Strand sind zwei ältere Jungen zu uns zu den Quallen gekommen, und es war sofort klar, dass sie uns testen wollten. Sie wollten nicht mit uns spielen, sondern sichergehen, dass bei uns die männliche Ordnung eingehalten wird. Dass sie die Stärksten sind und wir die Schwächsten und dass es uns etwas ausmacht. Aber Baptiste machte es nichts aus. Sehr freundlich führte er sie in die Grundlagen der Quallensezierung mit Hilfe eines Stocks ein. Man muss dazu sagen, dass wir mittlerweile eine gewisse Expertise in dem Bereich haben. Aber die beiden Jungen wollten Gewalt, wollten sich vergewissern, dass auch wir Gewalt mochten. Der eine, der mit seinen dünnen Lippen besonders bedrohlich wirkte, nahm Baptiste den Stock aus der Hand und begann in blinder Wut, das arme Tier übel zuzurichten und mit aller Kraft in ihm herumzustochern, um es schließlich ganz aufzuspießen. Er hob die Qualle hoch, hielt sie mir unter die Nase und drohte, mich und Baptiste und sogar seinen Freund »zu verätzen«, der ängstlich zurückwich und kicherte. Ich war unfähig, mich zu bewegen oder etwas zu sagen. Ich war ganz in seiner Hand, seiner Grausamkeit ausgeliefert, in Erwartung der Strafe. Baptiste hingegen schien wenig angetan, als Spielball eines anderen herhalten zu müssen, und schrie: »Hey, wir sind hier nicht im Schlachthof! Der ist doch krank, eine Qualle muss man mit Gefühl töten.« Er hatte die Hände empört in die Hüften gestemmt, eine Geste, die mich in Schrecken versetzt hätte, wenn sie mir unterlaufen wäre. Aber Baptiste war Baptiste, er konnte Rosa als Lieblingsfarbe wählen, sanft und aufmerksam sein, gerne mit seiner Schwester spielen, ohne dass es seine Identität als Junge beeinträchtigt hätte. Er war frei. Der Typ mit den dünnen Lippen lachte, ließ seine Beute fallen und sagte: »Na, dann macht ihr mal, ihr Mädchen«, und er und sein Freund standen ratlos herum und wussten nicht weiter. Wir schauten alle vier auf die klaffende Wunde der Qualle und Baptiste verkündete: »Bestimmt traut ihr euch nicht, ein Stück davon zu essen.« Die beiden Jungen meinten, er sei irre, erinnerten sich, dass sie noch ein Fußballmatch zu Ende spielen mussten und ließen uns in Ruhe. Als sie weg waren, schwieg Baptiste eine Weile. Er malte Kreise mit dem Stock. Keine genauen Skizzen, wie wir sie oft machen, oder sogar ein Galgenmännchen, sondern nur Kreise, die die runden Bahnen seiner Gedanken auf den Sand übertrugen. »Ich glaube, wir sollten das mit den Quallen lassen«, sagte er dann und schaute konzentriert auf den Boden, »ich glaube, wir sollten mit den Quallen Frieden schließen.« Meine Kehle war trocken, und es hätte mir gutgetan, ihm davon zu erzählen, dass sie über uns sprachen, dass ich sie in meinem Kopf reden hörte. Aber das gehörte zu den Dingen, an die ich niemals dachte, wenn ich mit Baptiste zusammen war. Seine Anwesenheit ließ einen Haufen Dinge in den Hintergrund treten, die mir in seiner Abwesenheit Sorgen machten. Sie waren immer noch wahr, aber was ist schon die Wahrheit, wenn sie so weit weg ist, dass man sie kaum noch erkennen kann? Was ist der Unterschied zu einem Traum? Bevor ich Baptiste getroffen hatte, war ich manchmal allein zum Wald spaziert. Ich nahm immer denselben Weg, hielt beim verlassenen Waschhaus an und setzte mich zum Lesen auf eine Steinbank. Anschließend lief ich am Bunker vorbei zurück nach Hause. Die Runde dauerte nicht länger als ein, zwei Stunden, und ich war allein, aber nicht wie in der Villa oder am Strand. Allein und ohne Tadel, sagte ich mir. Unter den Weiden mit ihren knorrigen Wurzeln fühlte ich mich geschützt. Aber abends vor dem Einschlafen stellte ich mir immer vor, dass mir jemand gefolgt war. Ich sah mich selbst von hinten und etwas, das mir auf den Fersen war. Ich war mir sicher, dass jemand mich beobachtet, mir wie einer Beute nachgespürt hatte. Es war ein furchtbarer Gedanke, und auch wenn ich in Sicherheit war, eingewickelt in meine Daunendecke, gewiegt vom Schnarchen meiner Großmutter, deren Bett wenige Schritte von meinem stand, spürte ich, dass dieser Blick genügte, um mir etwas zu nehmen. Die Panik, die dieser Blick, die Bedrohung durch diesen Blick auslöste, weckte die Geister meiner Kindheit. Und am nächsten Tag oder am übernächsten spazierte ich wieder pfeifend los, ohne dass ich mich jemals verfolgt fühlte. Ich las liegend auf dem Moosbett der Steinbank und kaute an einem Grashalm, ich warf Kiesel in den Bunker, um dem Echo zu lauschen, ich flanierte in friedlicher Gedankenlosigkeit umher, die höchstens von der Angst gestört wurde, einer Kuh zu begegnen. Alles war gut. Bis zum Einschlafen, wenn die Angst, verfolgt worden zu sein, wieder hochkam und den Nachmittag im Rückblick wie einen Kriminalfall wirken ließ. Daran dachte ich, während Baptiste seine Gewalt gegen die Quallen bereute. »Meine Tante ist verrückt, weißt du.« Die Worte waren aus meinem Mund gekommen, ohne dass ich es gemerkt hatte, sehr langsam. Baptiste schwieg, er wartete offenbar auf eine Fortsetzung. Als sie nicht kam, sagte er: »Das sieht man ein bisschen«, und dann fügte er schnell hinzu, dass ich heute Abend bei ihm übernachten könne.

13

Die Messe

Die Kuppe meines Daumens fährt über den Schleier, folgt der Haarlinie, dem Nasenrücken und dem Oval des Gesichts. Mit einer sanften Berührung entziffere ich auf dem kalten Relief des Medaillons das Profil der Jungfrau Maria, während Baptiste im Zimmer kniet und mir das Beten beibringt. Er hat die goldene Kette von seinem Hals in meine Hand gleiten lassen, damit ich auch offiziell Bekanntschaft mit diesem Lichtglanz machen kann, der ihn nie verlässt. Sogar beim Schwimmen nicht. Ein Anhänger, den er manchmal, um dem Schicksal etwas nachzuhelfen, vor einem Matchball oder einem Kopfsprung zärtlich küsst, ohne zu wissen, was das bei mir auslöst. Und nun habe ich die Heilige direkt vor Augen. Ihre sind weise, ein wenig müde, wie die einer resignierten Marianne. Auf den ersten Blick erscheint mir die Jungfrau wie eine traurige Briefmarke. Aber Baptiste lädt mich ein, die Hände zusammenzulegen, die Zeigefinger an der Nase (Hände mit ineinander verschränkten Fingern sind hoffnungsloseren Fällen vorbehalten). Leuchtet die kalte, scharfkantige Maria zwischen meinen Handflächen weiter? Die Ellenbogen aufs Bett gestützt, die Knie auf dem harten Parkett, halte ich den Atem an, um nichts von Baptistes Geflüster zu verpassen, das in mir das Feuer der Messe von heute Morgen neu entfacht. Ein rotglühendes Feuer. Ich traue mich kaum, meine Spucke zu schlucken, damit er seinen geheimen Katechismus nicht unterbricht. Ich bettele um ein letztes »Vater unser«, damit Baptiste es mir nochmal vorspricht. Damit ich noch einmal zuhören kann, wie er »Und führe uns nicht in Versuchung, sondern erlöse uns von dem Bösen« und das betörende »in Ewigkeit« flüstert, das mich an den Fuß der Pyramiden versetzt. Beim Sprechen dieser Zeilen hatte der Priester seine Hände in den Himmel gestreckt. Und alle begannen, mir freudestrahlend die Hand zu schütteln, und sagten: »Der Friede sei mit dir«. Baptiste drückte meine Hand und sagte »Der Friede sei mit dir«, und es war uns wirklich ernst. Und dann gab mir Baptistes Mutter die Hand, mit einem Blick, der sagte, dass sie mich sehr mochte. Und die Frau vor mir gab mir ebenfalls die Hand, mit derselben Herzlichkeit, demselben Wohlwollen, und ihr Mann auch und dann noch ein Mann ein bisschen weiter weg, dessen Hand ich gar nicht nehmen wollte. Ich war enttäuscht, dass er der Letzte war, dass er seinen feuchten Abdruck auf meiner Haut hinterließ, und nicht Baptistes Mutter. Ich habe mich nicht getraut, mich umzudrehen, um zu den Leuten hinter mir »Der Friede sei mit dir« zu sagen, wie es üblich zu sein schien. Ich hatte Angst, dass sich meine Nachbarn abwenden würden, weil sie an meinem Gesicht oder meinem Verhalten erkannten, dass ich nicht hierher gehörte. Wahrscheinlich an meinem Gesicht. Aber die Leute stellten sich schon in einer Reihe auf, um das zu holen, wovon Baptiste mir erzählt hatte. Die Hostie. Mehrmals hatte er mir am Strand den Moment der Hostie vorgespielt, indem er die Zunge leicht herausstreckte, die Knie beugte und mit einem Augenaufschlag den Blick zum Himmel erhob, was mir verstörend erotisch erschien. Die Erwartung des Augenblicks, wo mein Freund aufstehen, wo die ganze Kirche aufstehen würde, um den Leib Christi zu empfangen, hatte dem erhebenden Gefühl, das der Besuch der Messe in mir auslöste, eine dramatische Note gegeben. Die Bank, auf der ich saß, knarzte wie ein altes Boot, und ein Junge, kaum älter als ich, schwenkte vor meinen schweren Lidern ein Rauchfass, aus dem ein dichter, stark duftender Qualm stieg. Ich stellte mir vor, selbst unter dem Stein zu schweben, der das Echo des vom Priester mit mächtiger Stimme geschmetterten »Wehe euch Schriftgelehrten und Pharisäern« zurückwarf. Dann endlich begann die Prozession. »Selig sind, die zum Abendmahl des Herrn berufen sind.« Ich ignorierte Baptistes Knuff in die Seite, mit dem er mich einlud, mit nach vorne zum Altar zu kommen und dem Schauspiel der gesegneten Stirnen und den direkt auf die Zunge gelegten Hostien zuzusehen. Von dort, wo ich stand, musste ich mir ausmalen, was ich nicht sehen konnte, denn die Gläubigen wendeten mir fast den Rücken zu. Eine von ihnen, ein Mädchen mit einer Brille, empfing den Leib Christi auf Knien. Dann war Baptiste an der Reihe, und ich hatte Angst, dass er im Kirchenschiff stolpern oder sich an der Hostie verschlucken würde. Aber er empfing den Leib Christi mit Leichtigkeit. Sein zufriedener Gesichtsausdruck machte ihn mir sogar kurz unsympathisch. Derselbe weiche Mund wie der Junge David am Tag seiner Bar Mizwa. Das war ganz am Anfang gewesen, als ich gerade in die Wohnung meines Vaters gezogen war. Die Zeit, als ich ihm lautlos von Raum zu Raum folgte, die Zeit der grauen Kissen und der Mittagsruhe, zusammengerollt am Ende des Betts, wo er endlos las. Die Zeit, in der ich alles hinnahm, das Schweigen und die schlechten Manieren, den Gestank der Zigarillos und die Gleichgültigkeit, wie die Himmelsrichtungen einer neuen Welt, deren eisiges Herz er war. Eines Tages bringt er mich in den vierten Stock eines prachtvollen Gebäudes, zieht zwei Kippas aus der Tasche, setzt mir eine auf und klingelt. Im nächsten Augenblick bin ich zwischen Menschen und Geigen. Es gibt Kinder in Anzügen und scharenweise Großeltern. Viele tragen eine schwarze Kippa wie die, die auf meinem Haar liegt. Ich wundere mich über dieses Wort »Kippa«, das mir so vertraut ist, ohne dass ich mich erinnere, es schon einmal gehört zu haben. Die Dinge, die man weiß, ohne sie gelernt zu haben. Kippa. Wer hätte gedacht, dass sie so brav auf meinem Kopf bleibt? Wer hätte gedacht, dass sie Licht ins Dunkel der Zeichen bringt, die mich umgeben? Da ist sie, die versunkene Welt, die zwischen den offenen Fugen des Parketts meiner Großmutter hervorquillt. Ich durchquere mehrmals den Raum, schiebe mich zwischen den Stühlen und Tanzenden hindurch, als suchte ich jemanden, docke schließlich an einem Ende des Buffets an, um Haltung zu bewahren, und schenke Sodawasser in Gläser, die ich selbst nicht anrühre. Mein Vater redet im Nebenraum mit Männern, die alle wie er Manschettenknöpfe an ihren ungewaschenen Hemden tragen. Kriegsmüde setze ich mich auf einen Stuhl und beobachte. Im Zentrum der Feier steht eine Schar fröhlicher, stolzer Kinder, die von Arm zu Schoß wandern und sich dann befreien, um mit den Cousins zu spielen, eine riesige saure Gurke aus einer Schale zu angeln oder frenetisch zu Melodien zu tanzen, die sie auswendig können. Ich bewundere ihre Leichtigkeit, ihre Schönheit und die hoffnungsvollen Blicke, die die Erwachsenen ihnen zuwerfen. Das ist also das Reich der Kindheit. In ihrer Mitte strahlt der junge Prinz, zu dessen Krönung wir heute gekommen sind. David. Das Kind, für das wichtige Männer das Auto oder sogar das Flugzeug nehmen, einen Anzug anziehen, ein Geschenk kaufen und vier Etagen hochsteigen mussten, nur um ihn zu küssen. Für das die Frauen bis spät in die Nacht dieses fettige Gebäck zubereiten und den alten Schmuck hervorkramen mussten, bevor sie den Abdruck ihres roten Lippenstifts auf den Wangen des freudestrahlenden Thronfolgers im weißen Hemd hinterließen. Wie ich hat er lockige Haare, wie bei mir ist seine Haut blass, wie ich hat er volle Lippen. Aber David ist eine Beleidigung. Allein auf meiner knarzenden Kirchenbank, den Blick auf den Boden gerichtet, suchte ich im Ballett der zu Ende gehenden Messe nach einer vertrauten Stimme. »Jesus lehrte uns«, hatte der Priester erklärt, »das Unkraut zu sammeln, es in Bündel zu binden, um es zu verbrennen«, dass man den Herrn bitten müsse, das Böse in uns auszureißen und ins Feuer zu werfen. Wo war das Böse in Baptiste, der als einziges Unkraut nur einen Porzellanelefanten zerbrochen hatte, den er von seiner Mutter geschenkt bekommen hatte und nun in Scherben hinter seinem Bett aufbewahrte? Wo war das Unkraut bei David, dessen Lächeln die ruhige Gewohnheit verriet, geliebt zu werden? Und der Junge, der das Rauchfass an drei Ketten schwang, suchte er in vollen Geschäften nach der Silhouette seiner Mutter? Und der, der die Bibel vorsichtig in den Händen hielt, hatte er sich schon das Gesicht blutig gekratzt, weil er am liebsten für immer verschwinden wollte? Baptiste stand in einer Gruppe Erwachsener und hörte mit brav erhobenem Gesicht zu, und ich dachte, dass sein ganzes Leben eine Feier war. Wenn Baptiste sich die Zähne putzte oder die Schuhe band, machte er es mit der Anmut derer, die wissen, dass man sie nicht aus den Augen lässt und von ihren Monstern befreit hat.

14

Der Sohn

Die Nachbarinnen meiner Großmutter sind unsterblich. Die in Paris ist so alt, dass sie einen Akzent hat, der nicht aus dem Ausland, sondern aus der Vergangenheit kommt. Sie ernährt sich ausschließlich von den gefriergetrockneten chinesischen Fertigsuppen aus dem Supermarkt am Ende der Straße, manchmal gehe ich ihr sogar welche kaufen. Wenn ich sie vor ihrer Tür treffe, während sie versucht, ihre Wohnungstür mit einem ihrer vielen Schlüssel aufzubekommen, erzählt sie mir von Orten, die es nicht mehr gibt, und findet mich schön und gut gewachsen, richtet ihre feuchten Augen auf mich, als sei ich schon tot oder hätte ihr schrecklich gefehlt. Ich mag sie nicht. Nicht mehr als andere. Aber ich fürchte ihren Tod als Zeichen für das Ende der Welt. Deshalb bin ich immer erleichtert, wenn ich außer Atem im fünften Stock ankomme und den Duft von Glutamat und chinesischen Morcheln rieche, der unter ihrer Tür hervorkommt. Auch wenn meine Großmutter behauptet, dass sie uns eines Tages alle umbringen wird, weil sie manchmal vergisst, das Gas abzudrehen, und ich beim Einschlafen daran denken muss. Auf der anderen Seite des Überlebensspektrums klammert sich die Nachbarin hier in der Villa am Meer an ihre Existenz wie an ihren Bambusstock, mit dem sie wütend auf den Boden klopft, wenn mein Krach es ihr erlaubt. Sie wohnt über uns in einer kleineren Wohnung, die sie vor fast dreißig Jahren gegen die Zahlung einer lebenslangen Rente an einen Mann mit beschränkten hellseherischen Fähigkeiten verkauft hat. Meine Großmutter sagt, dass sie nur wegen ihm durchhält, dass er ihr einen Grund liefert, nicht aufzugeben. Vor allem für ihren Sohn. Auch bei ihr gibt es ein Monster. Eine wandelnde Leiche, von unsichtbaren Fäden gehalten, bei der jeder Schritt wie ein im letzten Moment abgewehrter Sturz wirkt. Seine beiden in tiefen Höhlen liegenden Augen schauen immer zu Boden, wie bei einem schüchternen Kind, das man zwingt, die Gäste zu begrüßen. Natürlich darf er nicht stolpern. Trotz der Schmerzen, die seine graue, spröde Haut ausgetrocknet haben, lächelt er ständig und bläht die Nasenlöcher weit, um möglichst viel Sauerstoff einzuatmen. Man hat immer den Eindruck, dass seine Mutter ihn an der Leine führt, aber nein, es ist nur seine Art, in ihrer Nähe zu bleiben, und ihre Art, ihn mit entschlossenen Gesten zu lenken. Er trägt verwaschene Jeans, die er mit einem Seil um die Hüfte zusammenhalten muss und in denen nur zwei Eisenstangen zu stecken scheinen, wie man sie manchmal aus dem Beton ragen sieht. Ich ekele mich vor diesen verwaschenen Jeans, aber eigentlich ekele ich mich vor seinem ausgemergelten Körper, seinem zerknirschten Gesichtsausdruck, seinem unangebrachten Hunger auf ein Leben, das ihn nicht haben will. Einmal bin ich ihm begegnet, als ich vom Strand nach Hause kam. Ohne alte Damen an unserer Seite. Im Hausflur der Villa fiel mir ein

Kampfergeruch auf, der mir unbekannt war. Er saß auf der Treppe zwischen dem Erdgeschoss und unserem Stockwerk, seine angewinkelten Knie waren so spitz wie Speere. Er las. Ich fragte ihn, ob er Hilfe brauche, ob ich seine Mutter rufen solle, aber er sagte nein, das brachte ihn zum Lächeln, er lehnte ab und lächelte, es sei kühl hier und diese Marmortreppe sei das Einzige, was in dieser Gruft nicht geschmacklos sei, und er lachte, als er noch etwas über Marmor sagte. Während er sprach, sah ich, dass er etwas Weißes am Mundwinkel und einen himbeerfarbenen Fleck auf der Wange hatte, wie ein Loch zu einer anderen Dimension. Als ich versuchte, mich in größtmöglicher Entfernung von ihm an der Wand entlangzudrücken, streckte er seinen dünnen, aderigen Junkiearm aus und zerzauste mir die Haare. »Ich hatte auch Locken, als ich in deinem Alter war«, sagte er und das machte mich so wütend. Warum müssen sie mich immer mit sich selbst vergleichen? Was gibt ihnen das Recht, mich dazu zu verurteilen, zu werden wie sie? Es ist schlimmer als sie zu berühren, es ist schlimmer als die zwei dicken Küsse, die mir die Verrückte am Morgen gibt und die mir danach wie Lepra an den Wangen kleben, weil es nicht weggeht, es geht nie weg. Wenn er meine Haare hatte, könnte ich eines Tages seine haben, diese spärliche, trockene Wolle, die seinen ängstlichen Schädel bedeckte, und warum nicht auch gleich den Fleck auf der Wange und die Art, das Leben mit den Nasenlöchern einzusaugen. Ich ging in die Wohnung und schleuderte meine Tasche so laut in den Flur, dass seine Mutter gut mit dem Stock hätte klopfen können, aber stattdessen begrüßte mich meine Großmutter und ließ mir ein Bad ein. Schweigend wusch sie mir die Haare und massierte lange den Schaum in meine Kopfhaut ein, und jedes Mal, wenn die warme Welle aus dem Krug über meine Schultern floss, fühlte ich mich gereinigt und ein wenig ruhiger. Von den Shampoodämpfen besänftigt, den Körper im lauwarmen Wasser, schloss ich die Augen halb, während sie das Handtuch fest um meinen Kopf wickelte. Ich fühlte mich so wohl, so geschützt durch dieses Ritual, bei dem mein Körper fast die Kontrolle über meinen Geist wiedererlangte, dass die Gefahren im Dunst verschwanden. Meine Ängste zerplatzten knisternd wie Shampooblasen, eine nach der anderen. Die Welt war weit weg. Gleich würde es den roten Schlafanzug, die Suppe und die Wärme der Laken geben. Die Zukunft zählte nicht mehr, so groß war die Anziehungskraft der Gegenwart. Vor mich hin träumend und ohne zu wissen, ob ich die Worte, die ich dachte, auch wirklich aussprach, fragte ich, woran der Sohn der Nachbarin litt. In seinem Fall durfte man wenigstens nachfragen. Meine Großmutter erzählte mir von Yves Saint Laurent, er litt an der gleichen Krankheit wie Yves Saint Laurent. Ihre Stimme klang weder wertend noch emotional. Meine Großmutter war daran gewöhnt, vom Tod zu reden. Sie gehörte zu einer Schwesternschaft von Frauen, die alles verloren hatten, ihre Familien, ihre Ehemänner und manchmal auch ihre Kinder. Wie Fanny, mit der sie jeden Tag telefonierte und lange Gespräche auf Jiddisch führte, bei denen ich kein Wort verstand, die mich aber wie ein trauriges Lied wiegten. Fanny, die wie eine Hexe aussah, die nicht nett sein konnte und deren Tochter von ihrem Freund ermordet worden war, als sie ihn verlassen wollte. Meine Großmutter hatte mir erzählt, wie er mit einem Gewehr gekommen war und auf sie geschossen hatte, als sie die Tür geöffnet hatte. Und wenn die Kinder nicht tot waren, waren sie monströs. Wie die Verrückte oder wie der Sohn der Nachbarin, dessen Körper durch ein schwarzes Loch in seiner Wange nach innen gesaugt wurde. Und ich hatte das Gefühl, dass all das auch mich betraf. Und dass es unter den vielen möglichen Ansteckungen besonders schwierig sein würde, der von Yves Saint Laurent und dem Sohn der Nachbarin zu entgehen.

15

Die Ameisen

Jetzt ist es wichtig, dass niemand im Haus sich rührt. Es wäre nicht gut, wenn meine Großmutter ausgerechnet in diesem Moment von ihrem Mittagsschlaf aufwacht oder meine Tante aus ihrem Zimmer kommt. In der Küche riecht es stark nach Benzin. Ich habe vorsichtig die Türen geschlossen und das Fenster weit aufgemacht. Notfalls sage ich, dass ich putzen wollte. Ich habe schon immer gerne im Haushalt geholfen, schon als kleiner Junge. In der Rue Cresson folgte ich Maria in alle Zimmer und half ihr beim Abstauben und bei einer Menge anderer Dinge, sie sagte, ein Glück, dass sie mich hat, sonst würde sie es nicht schaffen, die Wohnung ist so groß, dass man, kaum ist man fertig, schon wieder von vorne anfangen muss. Ich begleitete sie auf ihrem Rundgang durch die Wohnung, in der einen Hand einen Staubwedel, in der anderen die Sprühflasche zum Fensterputzen. Eines Tages klingelte es bei meiner Großmutter, und es war Maria. Es war nicht besonders schön, sie wiederzusehen, und auch ihr schien es nicht gutzutun. Sie stand in der Tür und sprach mit meiner Großmutter, ich beobachtete sie aus dem Flur. Sie sah älter aus und warf mir Blicke zu und sagte »wie furchtbar, wie furchtbar, armes Kind«. Ich wollte nur, dass sie weggeht, ich dachte, sie wäre mit dem ganzen Rest verschwunden. Es war besser, so zu tun, als hätte es nichts davon je gegeben. Sie sah mich an wie die anderen Eltern in der Schule, als wäre ich von den Toten auferstanden. Sie umarmte mich nicht und kam nie wieder. Aber heute geht es um etwas anderes. Schon vor ein paar Tagen habe ich bemerkt, dass etwas nicht stimmte, dass überall Ameisen waren. Sie wanderten hintereinander in einer sehr geraden Reihe vom Fenster über den Gasherd, die Spüle und die Abtropffläche bis zum Zuckerschrank. Regierten mit tadelloser Disziplin über eine Welt aus Krümeln. Meine Großmutter achtet nicht auf solche Sachen. In einer dieser leeren Stunden, in denen sich die Zeit wie Klebstoff anfühlt, bin ich in die Küche gegangen, um nach den Ameisen zu schauen. Zum Schauen, aber schon ein bisschen wütend. Zunächst beobachtete ich sie, denn es ist schon erstaunlich, wie sie völlig unbeeindruckt riesige Lasten tragen, so als würden wir einen vollen Bücherschrank tragen, ohne mit der Wimper zu zucken. Und ich bewunderte, wie sie ihre Fühler aneinanderreiben, um sich in Höchstgeschwindigkeit zu verständigen, ganz ohne Worte. Ich dachte schon darüber nach, Baptiste davon zu erzählen und mich mit ihm über Ameisen zu unterhalten, wir hätten uns bestimmt viel zu erzählen gehabt, über ihre Königinnen oder ihre Bauwerke. Dann wollte ich ein Hindernis aufstellen, um zu sehen, wie die Ameisen reagieren würden. Ganz vorsichtig, um ihre Unternehmung nicht zu gefährden. Ich habe nur die Streichholzschachtel neben dem Gasherd ein Stück nach vorne geschoben, um ihren Weg zu blockieren. Aber das störte sie überhaupt nicht.

Die meisten schienen nicht einmal zu merken, dass sich etwas verändert hatte, und weil die Schachtel leicht gewölbt war wie eine Brücke, gingen sie einfach unter ihr hindurch. Ein paar kletterten über die Schachtel, aber wirklich nicht viele, und sehr schnell, zehn Antennenreibungen später, gingen sie alle unter der Brücke hindurch. Also suchte ich nach etwas Komplizierterem und dachte mir, dass das Geschirrspülmittel ihnen mehr Schwierigkeiten bereiten würde, wie ein Sumpf. Ich musste dabei an den Vietnamkrieg denken. Die Ameisen waren amerikanische Soldaten, und ich musste dafür sorgen, dass der Wald wirklich lebensfeindlich wurde, voller Tücken und Fallen. Das Spülmittel war eine gute Idee, ich spritzte etwas davon an die Wand, und die gelbe Flüssigkeit floss langsam in Richtung der Ameisenstraße. Aber auch das brachte nicht den erhofften Effekt, sie nahmen sofort eine Kursänderung vor, ein paar Zentimeter nur, um die Napalmpfütze mit Zitrusduft zu umrunden. Das ärgerte mich, weil ich mir etwas einfallen ließ und sie ihrerseits überhaupt nicht zu verstehen schienen, dass die Dinge nicht mehr so waren wie früher. Dass es nicht mehr nur darum ging, Krümel und Zucker aus dem Schrank zum Ameisenbau zu transportieren, sondern dass Krieg herrschte. Also spritzte ich das Spülmittel direkt auf eine oder zwei Ameisen, die gerade an der Spüle waren. Eine konnte entkommen und ihren Weg fortsetzen, aber die andere hatte ich voll erwischt, sie kam nicht weiter, zappelte erbärmlich und blockierte den Durchgang, der am Waschbecken schmaler war. Sehr schnell bildete sich die Straße an der Wand neu, und niemand kam mehr, um nach der feststeckenden Ameise zu sehen, und das ärgerte mich wirklich, denn es ging ihr schlecht und es wäre möglich gewesen, sie da rauszuholen. Wenn Ameisen die Kraft hatten, Krümel zu schleppen, die doppelt so groß waren wie sie selbst, sah ich nicht ein, warum sie ihre Freundin nicht retten konnten. Diesen Mangel an Solidarität fand ich grausam, also wollte ich die Ameise retten und sie zur Heldin machen. Aber es war kompliziert, sie aus dem Spülmittel zu bergen, sie rutschte mir immer wieder weg, und ich zerquetschte sie schließlich mit dem Daumen, weil ich sie zu sehr verletzt hatte und etwas tun musste. Ich war wütend auf die anderen Ameisen und hatte die Hände voller Spülmittel, also drehte ich den Wasserhahn auf und kam auf die Idee, die Kolonne mit dem Gummischlauch, der den Strahl leitete, zu besprenkeln. Meine kleine Sintflut richtete wirklich Chaos an, gut fünfzig Ameisen wurden von dem Fluss zwischen Wand und Spüle in Richtung Arbeitsplatte mitgerissen. Es gab eine richtige Massenpanik, und zum ersten Mal war die Reihe unterbrochen, auf mindestens fünfzig Zentimetern. Aber keine der Ameisen war gestorben, weil sie offensichtlich schwimmen konnten oder gar nicht so sehr auf Sauerstoff angewiesen waren (was ich Baptiste gerne erzählt hätte). Es dauerte keine drei Minuten, bis eine neue Schwadron von Kriegerinnen zum Fenster hereinstürmte, offensichtlich aggressivere Ameisen, die über ihre Antennen darüber informiert worden waren, dass die Situation in der Küche eskalierte. Sie waren entschiedener denn je, den Zuckerschrank wieder unter ihre Gewalt zu bringen, und schlossen die Reihen an der Schaumgrenze, wo die Fliesen in die gestrichene Wand übergingen. Es war faszinierend, ihnen zuzusehen, aber ich wollte mir nicht länger auf der Nase herumtanzen lassen. Also öffnete ich auf der Suche nach einer neuen Waffe den Putzschrank, griff nach dem

Bleichmittel und schüttete es in den Fluss auf der Arbeitsplatte, in dem die Ameisen wateten. Entgegen meiner Erwartung änderte sich ihre Farbe nicht, und sie starben auch nicht, und da reichte es mir langsam. Ich ging zurück zum Putzschrank und nahm den Brennspiritus heraus, der mir schon beim ersten Mal aufgefallen war, aber ich hatte mir gesagt, dass das keine gute Idee war. Oder eher, dass die Idee gut war, aber dass ich, wenn meine Tante oder meine Großmutter kämen, keine Zeit haben würde, alles rechtzeitig zu verstecken. Aber jetzt sollten die Ameisen begreifen, mit wem sie es zu tun hatten, also nahm ich die Flasche, die gar nicht so leicht zu öffnen war, weil sie eine Sicherung hatte, man musste mit aller Kraft auf den Verschluss drücken, während man ihn drehte, was dumm war, weil es die Wahrscheinlichkeit erhöhte, etwas zu verschütten, aber ich bin ziemlich geschickt in solchen Dingen. Vorsichtig goss ich Alkohol die ganze Ameisenstraße entlang und auf die Arbeitsplatte und überall dorthin, wo ich Ameisen auf den Fliesen sah, dann zündete ich ein Streichholz an und warf es in die Bleichepfütze. Das erzeugte einen blauen Feuerstreifen, der bis zum Fenster reichte. Es war noch besser, als ich es mir vorgestellt hatte. Kurz hatte ich Angst, die Spitzenvorhänge würden Feuer fangen. Aber ziemlich schnell blieben nur noch kleine Flammen übrig, die stark qualmten, und die Ameisen verschmorten, bis auf einige wenige, die sich hatten retten können, aber völlig orientierungslos wirkten, als wären ihre Antennen verbrannt. Jetzt ist das Feuer aus, und ich fühle mich komisch. Überall liegen tote Ameisen, andere ringen noch mit dem Tod, und im ganzen Raum stinkt es. Ein beißender Geruch, wie in einer Autowerkstatt. Ich nehme den Schwamm und beginne zu putzen, vor allem dort, wo das Feuer die Fliesen geschwärzt hat, und etwas sagt mir, dass ich Baptiste nichts davon erzählen werde. Ich spüle den Schwamm aus, der so voller toter Ameisen und Ruß ist, dass ich ihn in den Mülleimer werfe, in dem auch der Teller liegt, den meine Tante vorhin zerbrochen hat. Zuerst dachte ich, sie würde ihn auf Großmutter oder mich werfen, ich ging sogar in Deckung, aber sie warf ihn bloß auf den Boden und schrie: »Es reicht!«, »Es reicht!«, »Du versaust mein Leben.« Dann stürmte sie in ihr Zimmer und knallte die Tür so laut zu, dass das ganze Haus zusammenzuckte. Meine Großmutter stand auf und sammelte schweigend die Scherben auf. Währenddessen versuchte ich mich mit glühenden Wangen an den Wortwechsel zu erinnern, der bei meiner Tante diese Explosion des Wahnsinns ausgelöst hatte. Aber das dumpfe Gemurmel der Quallen hinderte mich am Denken und auch die Angst, dass meine Tante mit scharfen Gegenständen bewaffnet aus ihrem Zimmer kommen und meiner Großmutter und mir die Kehle durchschneiden würde. Gewalt hatte die Macht, mich zu lähmen und ein Vakuum zu erzeugen. Die Luft im Raum war verdichtet, als wäre die gesamte Energie von dem Wutausbruch eingesaugt worden. Nicht nur die Luft im Raum, sondern alles, was sich im Wutradius meiner Tante befunden hatte, war entleert, auch die Zeit. Es gab kein Vorher und kein Nachher, niemand würde sich mehr an das Essen erinnern, das meine Großmutter zubereitet hatte, oder an das, was wir in diesem Moment geredet hatten, es gab nur noch Erstarrung und gespitzte Ohren für die Geräusche im Zimmer, um herauszufinden, ob sie wie beim letzten Mal Dinge zerschlagen und Möbel aus dem Fenster werfen würde, auf die Gefahr hin, dass Menschen zu Schaden kamen und

Großmutter zur Polizei musste, oder ob die Krise zu Ende war. Aus den Trümmern dieses frühen Nachmittags verstrahlte sie alles, und das, was folgte, wurde von den Rückkopplungen des Zorns übertönt und blieb mir nicht im Gedächtnis. Ich stehe da, den Fuß auf dem Pedal des Mülleimers, in der Hand den Schwamm voller verbrannter Ameisen, und ohne besondere Absicht hebe ich ein Stück des zerbrochenen Tellers auf, eine kleine, dreieckige Scherbe, so groß wie ein Stück Schokolade, und stecke es in die Tasche meiner Bermudashorts.

16

Die Superkräfte

Es ist Herbst auf Baptistes Gesicht. Oranges Laub und blauer Hintergrund auf schwarzer, aufgeschwemmter Erde. Baptiste hat sich im Mickey-Club geprügelt. Einer der beiden Jungen von neulich am Strand hat dafür gesorgt, dass er für ein paar Tage auf das elastische Rosa seiner Wangen verzichten muss. Ich kann nicht verstehen, warum nicht die Person, die zuschlägt, die Spuren davonträgt. Nun führt Baptiste eine Gewalt spazieren, die nicht seine ist, während der andere Junge sein unversehrtes Lächeln zeigt. Das beschäftigt mich sehr. Wie auch der Anlass für ihren Streit mich beschäftigt. Baptiste ist vage geblieben, daher glaube ich, dass ich der Auslöser war. Denn Baptiste hat keine anderen Schwächen als unsere Freundschaft. Er sagt: »Es kam überraschend.« Der Schlag in sein Gesicht liegt schwer auf meiner Brust. Baptiste lächelt, er ist schon darüber hinweg. Während ich noch mittendrin bin. Der Moment der geballten Faust auf der Wange steht außerhalb der Zeit. Er geht nicht vorbei. Wieder und wieder blitzt er vor mir auf und blendet mich mit Fragen. Was habe ich in diesem Moment gemacht? Habe ich gelesen?

Was habe ich gelesen? Welcher Satz, welches Wort ist für immer verbunden mit dem Aufprall, der meinen Freund gezeichnet hat? War es wegen mir? Wollte Baptiste mich verteidigen? War der Schlag gegen mich gerichtet? Denkt der andere Junge noch daran? Wurde er bestraft? Vor meinem inneren Auge läuft wieder und wieder der Film ihres Streits ab, einmal, zweimal, tausendmal. Nichts löscht meinen Durst nach Rache so gut wie die Vorstellung, dass ich im entscheidenden Moment als Geist erscheine und diesen Hampelmann mit meiner übernatürlichen Kraft, einem Laserstrahl oder meinen telekinetischen Fähigkeiten in eine Ecke schleudere. In einer noch grausameren Version benutze ich meine Superkräfte, um ihn in die Knie zu zwingen und ihm mit dem Tod zu drohen, indem ich sein Herz aus der Ferne mit meiner Faust umklammere. Ich freue mich über die Dialoge, die meine Superkraft mir ermöglicht. Nun bin ich es, der andere demütigen kann. Wenn mich jemand auf dem Weg zum Strand sieht, wie ich mit gekrümmten Fingern um mich schlage, spieße ich gerade den Feind mit meinen Adamantiumkrallen auf. Es sieht aus, als sitze ich auf einer Mauer? Ich starre in die hundert Meter Leere, die ich dank meiner außergewöhnlichen Fähigkeiten in Sekundenbruchteilen überwinden kann. Ohne meine Superkräfte wäre ich nichts. Mein einziger Wunsch ist, sie in echt zu haben. Neulich in der Messe habe ich beide Hände um die flackernde Flamme der Kerze gelegt und gefleht, dass sie über mich kommen. Dass sie dieser Eigenartigkeit, die mich schwach macht, die Stärke verleihen, die sie in Wahrheit besitzt. Fliegen, Gedanken lesen, Gegenstände verrücken, Teleportation, sich in ein Tier verwandeln, was auch immer. Was zählt, ist, meinem Anders-Sein eine

Form zu geben und meinen Geheimnissen eine Macht. Der Wunsch von Baptistes Schwester gibt mir eine Vorstellung von der Kluft, die uns trennt. Während ich den für sie unerreichbaren Docht anzünde, winkt sie mich heran und flüstert mir ins Ohr: »Ich wünsche mir, dass Papa mit mir auf den Eiffelturm geht.« Dieses kleine Mädchen, das immer aussieht, als käme es gerade aus dem Bett, und für jede Antwort unglaublich lange braucht, ist meine Sphinx. Ihre Weisheit entzückt mich, ihre Liebe für ihren Vater weniger. Auch Baptiste spielt mit Superkräften, aber in Wahrheit genügt ihm die Aussicht auf den Mann, der er werden wird. Seine Helden sind seine mit Medaillen überhäuften Cousins aus der Provinz. Baptiste träumt vom Siegen und verwickelt mich in wilde Wettrennen zum Deich, den er immer als Erster erreicht. Dort sahen wir neulich, während wir schwer atmend im Sand lagen, den Sohn der Nachbarin. Er hob beim Gehen seine Beine viel höher als nötig, als ob unter seinen Füßen Treibsand wäre oder sich die Erdanziehung plötzlich verdreifacht hätte. Sein Kopf wackelte vor und zurück wie der eines Huhns. Er wirkte winzig unter seiner übergroßen Mütze, aus der strähnige Haare hingen und im Wind flatterten. Nase und Ohren wirkten überdimensional groß. Er schien dem Wind völlig ausgeliefert, sein grauer, riesiger Körper war erschreckend dürr, Knochen bohrten sich von innen gegen seine Haut, die so dünn war, dass die beunruhigend geschwollenen, von Flecken überzogenen Adern durchschienen. Seine Badehose schlackerte an seinem Körper. Er wankte durch den Wind wie ein Säugling, der das Laufen lernt, warf sich mit jedem Schritt nach vorne, die Augen starr aufs Meer gerichtet. Seine Mutter stand hinter ihm, umklammerte bleich ihren Stock und hielt den Blick mit aller Kraft auf ihn gerichtet, blendete alles vom Strand aus außer ihrem Sohn, der nichts sah als den Horizont, eine Verheißung jenseits des Horizonts. Es war ein tragischer Anblick. Auch Baptiste hielt den Atem an, wir wagten nicht, uns zu bewegen, aus Angst, dass ein einziges verschobenes Sandkorn den instabilen Strandlauf dieses aus dem Takt geratenen Roboters stören könnte. Endlich erreichte er das Wasser, das nur einige Meter von seinem Ausgangspunkt, von seiner Mutter, entfernt war, und blieb mit den Füßen in den Wellen stehen, so erschöpft, dass es wirkte, als würde er gleich wie ein Hochhaus vertikal in sich zusammensacken. Er kniete sich hin, was den Blick freigab auf die Vertiefung an seiner Wirbelsäule und seinen schlaffen Hintern, an dem die beiden bogenförmigen Stangen seiner Beine anschlossen, und drehte sich dann zur Seite, den Körper stellenweise mit eiskaltem Sand bedeckt, eine lange Alge wie eine Schlange um den Knöchel gewickelt. Nun saß er da, uns gegenüber, aber blind für die Menschen, und starrte auf den Sand zwischen seinen Beinen, konzentriert, mit zusammengekniffenen Augen, eingefallenen Wangen und dieser tiefen, dunklen Höhle im Kiefer, in der sich die Überreste klappernder Zähne hielten. Dann ließ er sich auf den Rücken fallen und schob sich mit den Händen ins Meer. Eine Welle umspülte ihn und zog ihn ein wenig mit, dann eine weitere, sodass er schließlich von seinem Gewicht befreit war. Er wurde von einer Armee unsichtbarer Hände gepackt, die ihn wie einen toten Baum aufs Meer hinaus trugen. Baptiste warf mir einen hilflosen Blick zu. Doch als wir wieder auf das Meer blickten, schwamm er mit präzisen, sehr sanften Bewegungen. Seine Mutter sah noch blasser aus als er, erschöpft von der Anspannung, und hielt schon das

Handtuch bereit, um ihn einzuwickeln, sobald er aus dem Wasser kommen würde. Nach ein paar Schwimmzügen ließ er sich auf dem Rücken treiben, die Mütze immer noch fest auf dem Schädel, bis die gleichgültigen Wellen ihn zusammen mit einem Stück Styropor an den Strand spülten. Er wiederholte den Bewegungsablauf in umgekehrter Reihenfolge und kam besser wieder nach oben als vorher nach unten. Bald stand er aufrecht, sein Körper mit Gänsehaut überzogen, krebsrot, besiegt. Seine Mutter rieb ihn so kräftig ab, dass ich Angst hatte, sie würde ihm die Haut in Fetzen abreißen. Ohne ein Wort zu wechseln, machten sie sich wieder auf den Rückweg, er gestützt auf sie, sie gestützt auf ihren Stock. Obwohl wir lagen, zog der Anblick uns den Boden weg. Weder Baptiste noch ich wagten zu sprechen. Es war zu früh, um meinem Freund zu sagen, dass auch dieses Monster bei mir wohnte und mir über den Kopf gestreichelt hatte.

17

Omaha Beach

Im Rückspiegel verschwimmen die Stirn von Baptistes Vater und seine Augen durch einen merkwürdigen Überlagerungseffekt ineinander: Wenn er auf die Straße schaut, sieht es so aus, als würde er mich auf dem Rücksitz des Autos mustern. Ich denke: »Das ist also sein wahres Gesicht.« Die freundliche Maske des Vaters bekommt beim Fahren Risse, und zum Vorschein kommt das Reptil, das er in Wirklichkeit ist. Mir ist aufgefallen, dass die meisten Väter eine Maske tragen, hinter der sie ihre dunklen Gedanken verbergen. Seine kreisen offensichtlich um Rache. Hauptsächlich gegen seine Frau, Baptistes Mutter, die ständig alles kritisiert, was er tut und sagt. Und gegen mich, weil ich die Reinheit seines Familienurlaubs ruiniere. Ich weiß genau, was er denkt, ich spüre es an der Art, wie er mich nicht beim Namen nennt. »Isst er hier?« »Schläft er hier?« »Hat er keine Sachen?« »Hat er keine Eltern?« Ich spüre, wie seine Wut jetzt das Gaspedal nach unten drückt. Was, wenn er bloß eine Stelle sucht, wo er mich aussetzen kann? Es ist absurd, aber mein Mund wird trocken, wenn ich mir die Vollbremsung und die aufgerissene Autotür vorstelle. Baptistes Vater, der plötzlich seine Feigheit überwindet, mich wortlos am Ärmel aus dem Auto zerrt und mich von der nächstbesten Klippe wirft. Wird Baptiste, der auf dem Beifahrersitz schläft, mein Verschwinden bemerken? Wenn ich es mir recht überlege, könnte mir diese Entführung gefallen, auch wenn sie mich das Leben kostet. Mehrmals lasse ich den Moment vor mir ablaufen, in dem Baptistes Vater mich am Kragen packt, das Hemd raschelt, und diese Sekunden der Gewalt scheinen mir mit einem Mal sehr verlockend. Die verführerische Vorstellung dieser Umarmung, fast wie ein Tanz, wenn er mich hochhebt und ich nur noch eine Puppe in seinen Armen bin. Das Herz rast, und der Sturz fühlt sich an wie beim Einschlafen, wenn man einige Meter hinabstürzt, aber beim Hochschrecken immer noch oben auf der Matratze liegt. Aber dieses Mal falle ich nach ganz unten, bis ich an den Felsen zerschelle. Und dann Stille. Die samtige Schlinge der Straße, auf der Baptistes Vater weiterfährt, endlich frei, um mit seinem Sohn die Landungsstrände zu besuchen, ohne den Parasiten, der seine Seele manipuliert. »Du sagst stopp, wenn mein Finger deine Armbeuge berührt.« Beim Losfahren heute Morgen, in Shorts auf dem Rücksitz, nimmt Baptiste meine Hand und wandert mit seinem Zeigefinger über die Innenseite meines nackten Arms. Ich muss meine Augen schließen und raten, wann er die Beuge erreicht. Ich kann mein Glück kaum fassen und breche immer zu früh ab, erschaudere, die Intensität ist fast unerträglich. »Jetzt.« Aber er hat kaum die Hälfte geschafft. Er fängt wieder an, dann bin ich an der Reihe. Ich berühre Baptistes Arm kaum, ich streife ihn so flüchtig, dass er mit halb geschlossenen Augen eine Gänsehaut bekommt. Er zuckt zusammen und auch der Fahrstil seines Vaters wird zunehmend nervöser, während er ständig in den Rückspiegel schaut. »Baptiste, komm nach vorne und genieße ein bisschen die Aussicht, ja?« Baptiste gehorcht, denn einen Platz vorne kann man nicht ausschlagen. Doch bald wird sein Kopf schwer und kippt nach vorne. Sobald meine Daseinsberechtigung schläft, wird auch die Luft, die ich schweigend mit Baptistes Vater atme, schwer wie Blei. Zum Glück müssen wir bald halten, um einen Baum zu kaufen. Einen Baum für Baptiste. Der groß sein wird, wenn er groß ist, der Baptistes Kindern und Kindeskindern Schatten spenden wird und an dessen Erhabenheit sich zukünftige Generationen laben werden. Nach dieser Lektion steht Baptiste gähnend in einem Gewächshaus vor einer Reihe Sträuchern in Töpfen und soll in fünf Minuten, quasi am Straßenrand, über die Landschaft seiner Zukunft entscheiden. Eine Trauerweide oder ein Ahorn, eine Erle oder eine Linde. Und warum nicht ein Mammutbaum? »Man wird ihn vom Bahnhof aus sehen«, schwärmt Baptiste. »So hoch wie der Triumphbogen«, bestätigt der Verkäufer. Aber am Ende kauft Baptistes Vater eine Buche, weil vor dem Haus seiner Kindheit eine Buche stand. Ein dünnes Hälmchen, kaum zehn Blätter dran, bei dem man nicht weiß, woher es die Kraft nehmen soll, ein Stamm zu werden, oder wie es auf seinen Ästen Baptistes Kinder und später die Kinder seiner Kinder tragen soll. Im Moment sieht es aus wie der Ficus, den ich früher dort hatte. Den ich mit der Sprühflasche wässerte, um seine Blätter noch grüner leuchten zu lassen. Auch er ist verschwunden. Wie überhaupt eine Menge Dinge, die sich zusammen mit ihr in Luft aufgelöst haben. Pflanzen zum Beispiel gibt es keine mehr in meinem Leben. Das Bäumchen ist im Kofferraum verstaut, wir steigen wieder ins Auto. Mit einer verblüffenden Natürlichkeit setzt sich Baptiste wieder neben mich auf die Rückbank, und wir dösen auf dem warmen Leder der Sitze, unsere Knie durch einen dünnen Schweißfilm getrennt. Ein Vergnügen, das in der Angst vor dem Zorn von Baptistes Vater gipfelt, Knochen, die an den Felsen zerschellen. Doch es ist bloß das leise Knirschen eines Kiesteppichs, das mich auf dem Parkplatz des Gräberfelds von Omaha Beach in die Realität zurückholt. Alles fühlt sich noch an wie im Traum, als die schnurgerade Schönheit der weißen Kreuze mich innerlich reinigt. Ich vergesse Baptiste, seinen Vater. Der Hass seines Vaters bedeutet nichts mehr, er ist ein Kiesel unter Kieseln. Meine Schritte auf dem Rasen. Während ich über einen feuchten Grabstein streiche, den ich ausgewählt habe, weil sein Kreuz ein Stern ist, denke ich an die kleine entwurzelte Buche, die im Auto schläft. Mit dem Zeigefinger fahre ich die Kurven des Namens nach, der in den Stein gemeißelt ist: Jack Barshak. Tschack tschack tschack. Wie das Metzgerbeil, das aufs Fleisch trifft. Das Geräusch eines Hackmessers, das Bilder von aufgetürmten Leichen wachruft, ein Durcheinander aus Körpern im Schlamm. Ohne den Rasen, der die Augen beruhigt. Was würde passieren, wenn jetzt alle toten Soldaten unter ihrem Kreuz gleichzeitig mit mir sprechen würden? Wenn der ganze Tod auf einmal wie auf einem Ölfeld aus dem Boden sprudeln würde? Ich suche Baptiste, dem sein Vater gerade mit großen Gesten eine Geschichtsstunde erteilt. Als unsere Blicke sich begegnen, verdreht er die Augen, aber ich weiß, dass er das tut, um mir zu gefallen, weil er in Wahrheit glücklich ist, von seinem Vater zu lernen. Ich atme tief ein. Später werde ich Baptistes Vater für die Landungsstrände danken müssen, werde Baptistes Vater für die Landung der Alliierten danken und ihm seinen Sohn zurückgeben müssen, damit sie zusammen einen Baum pflanzen können. Das Auto wird vor dem Tor der Villa Magnolia halten, und es wird Zeit, Baptiste nach zwei gemeinsamen Tagen zu verlassen und in die Wohnung meiner Großmutter und meiner Tante zurückzukehren, denen ich eine vage und vereinfachte Version dieses Abenteuers erzählen werde. Schachbrettmuster aus leuchtenden Kreuzen, Statue, Rasen und Sieg über den Feind. Über allem ein trauriges Sonntagslicht, und nichts von dem, was ich sage, wird etwas mit ihnen zu tun haben. Ich werde einen Löffel in die Gemüsebrühe tauchen, um eine Karottenscheibe oder ein Stück Mairübe herauszufischen, und die Wohnung wird mir plötzlich sehr weit vom Strand entfernt vorkommen, so weit, dass sie zeitlich zurückzuliegen scheint, und ich werde wieder an den Jahreszeiten und an Baptistes Existenz zweifeln. Ich werde spüren, wie diese vertraute Schwere sich auf mich legt, die jede Bewegung ins Unendliche ausdehnt. Wenn ich den Löffel das nächste Mal in die Brühe getaucht haben werde, werden Baptiste und sein Vater schon die kleine Buche, die im Kofferraum schläft, gepflanzt haben. Sie werden sich über den idealen Standort geeinigt haben, der ausreichend Platz bietet, damit nichts das Wachstum der Wurzeln und Äste stört, und sie werden die Erde ausgehoben haben, um das Bäumchen einzusetzen. Baptistes Vater wird sicher dafür gesorgt haben, dass die ganze Familie seinen Sohn umringt, eine Handvoll feuchte, schwarze Erde in der Hand, um die unsichere Zukunft des Clans zu nähren oder mit konzentrierter Miene den dünnen Halm ihrer Nachkommenschaft zu gießen. Wenn ich einen weiteren Löffel Suppe zu mir genommen haben werde, wird Baptistes Familie ihre Geschichte um neue Bilder und ihr Ökosystem um neues Leben bereichert haben. In der bernsteinfarbenen Wärme ihres Hauses werden sie die unbeholfenen Annäherungsversuche des Tages in fröhliche Abenteuer verwandeln. Das Klirren von Besteck und Armreifen, von Gläsern und Lachen wird die Ängste des Abends wegspülen, während draußen vor dem Fenster im Schatten der jungen Buche ein Käfer für die Nacht Schutz sucht.

18

Das Café

Von unserem Haus zum Strand ist es nur eine gerade Linie. Wenn ich an die Ferien denke, denke ich als Erstes an diese Linie. Eine verlassene Straße, die von kleinen Holztoren gesäumt ist und friedlich zum Sand hin abfällt. Das ist der Stadtplan vor meinem inneren Auge. Das tosende Meer, das vor mir liegt, verdrängt das Leben der Stadt in meinem Rücken. Ich achte kaum auf die Einkäufe, die meine Großmutter jeden Tag in großen, gestreiften Einkaufstaschen nach Hause bringt. Woher kommt das Brot, aus dem ich Kühe mit grauer Haut modelliere? Wo wurden die Pfirsiche gekauft, die ich auf Zehenspitzen und mit vor Saft triefendem Mund über der Spüle verschlinge? Wer schneidet die Steaks, die in der Butter brutzeln? Von den seltenen Ausflügen mit meiner Großmutter zur Metzgerei oder zum Supermarkt behalte ich nur eine wattige Erinnerung. Der Windbeutel, den mir die Bäckerin mit molliger Hand reicht, die Blutspuren auf der Schürze eines Metzgers mit deftigem Humor. Und die bunten Sträuße aus Schaufeln vor der Drogerie. Es ist, als würde das Stadtzentrum ohne Vorwarnung aus dem

Nichts auftauchen, wenn wir um die Ecke der Rue Pitre-Chevalier biegen, und sich in Luft auflösen, sobald unsere Taschen voll sind. Ich gehe mit gesenktem Kopf durch die Stadt, bin mit meinen Gedanken woanders und tue so, als hätten die Geschäfte, die die Sommerurlauber in den Hinterzimmern des Strandes abwickeln, nichts mit mir zu tun. Ich erwarte nichts von diesen Ausflügen, außer dass sie für einen Moment die tödliche Langeweile der Villa unterbrechen. Ich stolpere hinter meiner Großmutter her über das Straßenpflaster und habe es dann eilig, wieder in den Schatten des Esszimmers zu kommen. Für die Kinder, die auf der Terrasse der Cafés Waffeln mit Schokolade und Schlagsahne essen, während ihre Eltern üppige Meeresfrüchteplatten verzehren, habe ich kaum einen neidischen Blick übrig. Meine Großmutter würde nie auf die Idee kommen, mit uns ins Restaurant zu gehen, und ich bin froh darüber, denn es ist klar, dass unsere Mahlzeiten keine Öffentlichkeit brauchen. Die Einzige, die sich an öffentlichen Orten aufhält, ist meine Tante. Sie ist es, die mich manchmal mit ins Café nimmt, um Zigarillos zu kaufen. Dort ist es schmutzig und stinkt, aber neben den Lottoscheinen verkaufen sie Süßigkeiten, saure Sachen, die man sonst nirgends bekommt. Ab und zu bestellt sie mir einen Minzsirup mit Wasser. Ich sitze auf einem Hocker an der Bar und danke dem Strohhalm, der es mir erspart, mit dem Mund den Glasrand zu berühren, an dem getrocknete Lippenspuren zu sehen sind. Die Wirtsleute haben dünne, graue Haut, tiefe Augenringe und eng am Kopf liegendes Haar. Wenn der Mann mir mein Glas reicht, kann ich von Nahem seine riesigen, gelben Fingernägel und seine kleinen, fleckigen Zähne sehen, die bestimmt einen komischen Geschmack in seinem Mund hinterlassen. Bei unserem letzten Besuch saß ein Riese an der Bar, den meine Tante sehr zu mögen schien. So sehr, dass ich mich fragte, ob wir nicht vielleicht wegen ihm hergekommen waren. Ein echtes Gebirge, das umso beeindruckender war, weil ich auf den ersten Blick nicht sagen konnte, ob es sich um einen Mann oder eine Frau handelte. Auch später war ich mir noch nicht ganz sicher. Sein schulterlanges weißes Haar lag auf einem Umhang, der fast seinen ganzen Körper bedeckte. Seine Nase war von einem dichten Netz aus winzigen, geplatzten Adern überzogen, die hier und da violette Krater bildeten und wie mit Tusche ein Labyrinth auf sein Gesicht zeichneten. Obwohl er sich nicht bewegte, schien er außer Atem zu sein, und das verlieh seinen Worten etwas Dringliches, als wäre er gerannt, um mich nach meinem Vornamen oder meinem Alter zu fragen. Normalerweise hätte ich mich vor ihm ekeln müssen, und das tat ich auch ein wenig – ich hätte nicht aus derselben Flasche trinken wollen wie er –, aber ich fühlte mich in seiner Gegenwart seltsam ruhig, daran musste ich auch später noch denken. Mit ihm saßen an diesem Nachmittag drei oder vier andere an der Bar, erzählten wieder und wieder dieselben Dinge, regten sich über alles Mögliche auf und ließen dann den Schwamm des Schweigens über den Groll wandern, bevor sie einen weiteren Schluck nahmen und wieder ins Gespräch einstiegen. Während sich ihre Spucketröpfchen auf der Theke sammelten, versuchte ich, sie mir im wirklichen Leben vorzustellen, aber mir kam bloß das Bild eines fahrenden Orchesters, wie es in einer Fiebernacht vor einem auftaucht. Nur meine Tante trank nicht. »Besser nicht«, sagte sie, denn meine Großmutter hatte in ihren Ferien Besseres zu tun, als durch die Kneipen zu ziehen, um sie zu finden. Anstatt sich abzufüllen, leerte sie sich. Sie leerte die angehäufte Stille der Villa aus. Sie sagte: »Es geht mir gut, ja, es geht mir gut, aber ich bin unruhig. Im Sommer ist es schwieriger wegen der Langeweile. Aber sonst langweile ich mich eigentlich auch. Ich habe mir eine Zeitung gekauft, um die Kreuzworträtsel zu machen, aber ich kann mich nicht entscheiden, ich finde sie auch nicht mehr, aber ich kann mir ja eine neue kaufen. Ich brauche die einfachste Stufe, weil ich nicht sehr gut bin. Es kann ja niemand etwas dafür, es ist an mir, eine Beschäftigung zu finden. Es stimmt, dass es in meiner Tagesklinik nicht viel zu tun gibt, und die Leute sind nicht interessant. Es gibt noch einen anderen Ort, wo ich hingehe: La Main, ich komme oft vom Hölzchen aufs Stöckchen, hahaha, La Main, La Main Tendue, das ist nicht weit. Also relativ gesehen, man kann von der Place d'Italie laufen, wenn man sich auskennt. Die ausgestreckte Hand, da gibt es Aktivitäten für die Leute. Eine Krankenschwester hat mir das empfohlen. Die, die mir die Medikamente für die Woche im Pillendöschen bereitstellt und mir die Augentropfen gibt. Ich habe ein Glaukom, angeblich in beiden Augen. Ich bin schon einmal operiert worden. Vor kurzem erst am rechten Auge. Das linke ist so gut wie tot, sagt der Augenarzt. Wir können nichts dagegen tun, es sieht einfach nicht gut, sagt der Augenarzt, bei dem ich vor kurzem war, aber es ist okay, ich merke es gar nicht. Die Operation ist gut verlaufen, das hat nicht lange gedauert. Man musste um 7:30 Uhr morgens da sein, und wir waren zu dritt im Wartezimmer, ich war die Letzte. Die beiden waren sowieso vor mir da, man musste sich ausziehen, das war nicht so lustig, man musste sich fast ganz ausziehen und sich etwas aus Papier oder so überziehen. Das habe ich schon mal erlebt, als ich mich, als ich mich da verbrannt habe, naja, reden wir nicht darüber, was habe ich gesagt, ich weiß es nicht mehr. Oh nein, aber manchmal habe ich so Momente, ja, ich bin sogar zu meiner Pflegerin in der Klinik gegangen, um es ihr zu erklären, das ist auch so eine Sache, um es zu versuchen, sie versuchte zu verstehen, was ich hatte, mein Unwohlsein, wenn man das Unwohlsein nennen kann. Es gibt einen Arzt, den männlichen Arzt, der manchmal dumme Fragen stellt. Er hatte mir gesagt: ›Eines Tages werden Sie gesund sein‹. Ja okay, aber je mehr Tage vergehen, desto schlimmer wird es, es ist ein inneres Leiden, es ist etwas, was auch Hausfrauen haben, es ist ein inneres Leiden, eine innere Leere.« Sie hatte all das in einem Atemzug gesagt, zu laut und mit ihrer heiseren Stimme, aber es gab sowieso nur den Riesen, der ihr mit zitternden Händen und kurzem Atem zuhörte. Die anderen Gäste hatten sich nach ein paar Sekunden abgewendet. Ein dicker, glatzköpfiger Typ hatte einen Satzfetzen aufgeschnappt und ihn als Startrampe für ein neues Gespräch genutzt. Ein Gespräch, in dem es um ihn ging. Es war mir nicht einmal wirklich peinlich, was meine Tante sagte, denn es waren keine echten Menschen im Raum. Die normalen Leute, die Familien, saßen draußen auf der Terrasse und genossen das schöne Wetter. Naja, sie waren vor allem im Café de France gegenüber auf der großen Sonnenterrasse. Aber nicht meine Tante. Der Rauch und der Schmutz in der Bar sind für sie ein Zeichen der Zugehörigkeit, die gleiche klebrige Atmosphäre wie im Café am Place Cherioux, in das sie mich ab und zu mitnimmt. Dort hatte mir eine Frau, die mehrere Pullover über-ein-ander trug, gesagt, dass man sich vor den Ausländern in Acht nehmen müsse. Auch hier gab es eine Frau, die allein trank, aber sie war sehr nett. Sie sagte nichts, hielt ihr Whiskyglas zwischen beiden Händen wie eine Tasse heiße Schokolade, die sie nicht verschütten wollte, hatte den Kopf gesenkt und hob ihn nur, um mechanisch zu lächeln, wenn man sie ansprach. Irgendwann blickte sie plötzlich zu mir und sagte: »Ach, der Kleine, der ist glücklich, das sieht man doch.« Ich antwortete nicht, aber es freute mich, es erleichterte mich, dass sie den Unterschied zwischen ihr, zwischen ihnen und mir sehen konnte. Aber sie sagte auch: »Er sieht Ihnen ähnlich, man sieht, dass er seine Maman lieb hat«, und das versetzte mich in eine düstere Stimmung, weil ich nicht wusste, wie sie glauben konnte, dass ich ihr Sohn war. Also hörte ich ihnen nicht mehr zu, ich stellte den Ton ab. Plötzlich fasziniert davon, wie sie rauchten. Alle hatten ihre eigene Art: im Mundwinkel, mit den Fingerspitzen oder mit der ganzen Hand. Aber alle rauchten mit der gleichen Intensität. Sie hörten auf zu sprechen, um einen tiefen Zug zu nehmen, führten die Zigarette mit unsicheren Bewegungen und flatternden Händen an die Lippen. Dann entspannten sie sich und gaben sich der knisternden, roten Glut hin, während ich ungeduldig auf den Qualm wartete. Der Riese spuckte alles in zwei großen, wütenden Strichen aus den Nasenlöchern, während die Frau den Rauch von ihrem Mund in ihre Nase gleiten ließ, um ihn ein zweites Mal aufzusaugen. Ganz im Gegensatz zu Baptistes Mutter, die den Rauch in kleinen, kompakten Wolken abließ, ohne ihn auch nur geschluckt zu haben. Ich konnte sehen, dass sie sich nicht für Tabak interessierte, dass es ihr nur darum ging, die Zigarette wie einen Zauberstab zu halten. Der Gedanke an Baptistes Mutter, in dieser Bar, mit einem Mal hatte ich überhaupt keine Lust mehr, hier zu sein. Die plötzliche

Scham vertrieb meine Benommenheit. Was wäre, wenn sie mich auf dem Weg zum Einkaufen hier entdecken würde, Gesicht und Hände an die Scheibe gelegt, um im Halbdunkel der Bar etwas zu erkennen? Dann träumte ich davon, wie sie die Tür aufstoßen und mich wie eine gute Fee von hier wegbringen würde. Sie würde in die Mitte des Schankraums treten, ihr blondes Haar von einem Haarreif zurückgehalten, strahlend mit ihrem von glänzenden Fäden durchzogenen Kostüm und den goldenen Halsketten. Sie würde mir zuzwinkern und mit ihrer tiefen Stimme ganz freundlich zu meiner Tante und den anderen Gästen sagen: »Ich entführe ihn kurz, wenn Sie nichts dagegen haben, ich habe ihm ein Eis versprochen und um nichts in der Welt möchte ich einen so netten Jungen enttäuschen.« Ich würde vorsichtig von meinem Hocker steigen, ohne mich umzudrehen, damit niemand das Lächeln in meinem Gesicht sehen konnte. Draußen würde die Sonne mich blenden, ich würde wohlig seufzen, die Hand von Baptistes Mutter nehmen und neben ihr herlaufen. Am Anfang würde ich schweigen, nur die Freude über das Zusammensein und ihr Duft. Dann würde sie sagen: »Wenn du Lust hast, zeige ich dir einen Ort, den ich ganz besonders mag.« Dann würden wir nach links und nach rechts abbiegen und in eine ganz andere Stadt mit strohgedeckten Häusern voller Leben eintauchen. In einem der kleinen Häuser würde sich eine Teestube befinden. Beim Eintreten würde ein Glöckchen läuten, und ich würde in einem großen, mit grünem Samt bezogenen Lehnsessel Platz nehmen und die Bilder an den Wänden betrachten. Die Besitzerin, eine alte, sehr dünne Frau mit einem weißen Dutt, würde mir eine Tasse Tee bringen und durch den Dampf würde ich das kleine Muttermal über der

Oberlippe von Baptistes Mutter sehen. Sie würde mich anlächeln und leise sagen: »Weißt du, ich habe Baptiste nie hierher mitgenommen, das ist ein ganz besonderer Ort, an den ich komme, wenn ich allein sein will. Wenn du einverstanden bist, bleibt es unser Geheimnis.« Natürlich würde ich zustimmen. Und sie würde hinzufügen: »Wenn ich eine sehr alte Frau bin und du ein gut aussehender junger Mann, ist es an dir, mich an Orte zu bringen, die dir gefallen, und sie mir zu zeigen.« Ich würde nicken und hoffen, dass niemand die Tränen in meinen Augen bemerkt, was mich im Handumdrehen zurück in diese stinkende Bar voller Trinker katapultierte. Rauch lag in der Luft, und der Geruch von schmutzigem Geschirr verursachte mir Übelkeit. Ich wollte sofort vom Hocker steigen und irgendwohin rennen, ich wusste nicht wohin, wo ich dieses fettige Gefühl auf meinen Fingern und meiner Zunge vergessen konnte, die ich sehr fest gegen meinen Gaumen drückte, um den beißenden Geschmack zu vertreiben, der sich dort ausbreitete. Dann hörte meine Tante auf, mit dem Riesen zu reden, schaute mich mit einem breiten Lächeln an und verkündete, dass es Zeit sei, mich nach Hause zu bringen.

19

Der Besuch

Wenn ich runtergehe, wird Baptiste auf der Treppe vor der Villa sitzen und mit einem Marienkäfer spielen. »Schau ihn dir gut an«, wird er leise zu mir sagen, »ohne seine Flügel wäre er wirklich hässlich.« Ich werde den Riemen der kleinen roten Strandtasche von meiner Schulter und mich selbst neben Baptiste auf seinen Beobachtungsposten gleiten lassen. Der Stein wird kühl sein, Baptiste wird nach dem Eau Sauvage seines Vaters riechen, und ich werde zum ersten Mal in dem kleinen Garten der Villa sitzen. Es wird überhaupt das erste Mal sein, dass ich den Garten am Fuß der Backsteintreppe, die vom Tor zum Eingang führt, bemerke. Und dass auch die Treppe mit ihren vier steinernen Amphoren schön ist. Nie, werde ich erstaunt denken, wäre es mir in den Sinn gekommen, mich zum Lesen, Spielen oder einfach Nichtstun hierher zurückzuziehen. Ich werde mich auf den Bauch legen, die Ellbogen auf die Stufen stützen, den Oberkörper in die Sonne strecken, die Badelatschen von den Füßen streifen und zufrieden zuschauen, wie sie zwei Stufen nach unten fallen. Plötzlich stolz auf den kleinen Kiesplatz und die

Bank, die im Schatten der Magnolienbäume döst. Von Baptiste, der sich weiter auf seinen Marienkäfer konzentriert, werde ich nur den Nacken sehen. Ein Nacken wie ein Strand. Ich werde meine Augen zusammenkneifen, wegen der Sonne und ein bisschen auch, um es Baptistes Mutter gleichzutun. Eine Welle des Wohlbefindens wird durch meinen Körper rollen, und um mich ihr anzupassen – ihrem Rhythmus, ihren Ansprüchen –, werde ich die Gestik von Baptistes Mutter übernehmen. Meine Arme bewegen, als wären sie mit einem Orchester aus Armbändern behängt, tief seufzen, die Dinge streicheln, statt sie zu berühren. Besonders schön wird es sein, die Blicke meiner Großmutter auf uns zu spüren, die uns vielleicht vom Küchenfenster aus beobachtet, und über ihr der Sohn der Nachbarin, der sich möglicherweise ebenfalls zum Garten hinunterbeugen wird. Am liebsten würde ich den ganzen Vormittag hier liegen, in diesem neuen Raum, der durch Baptiste begehrenswert wird, aber andere Pläne drängen mich zum Aufbruch. Ich werde aufstehen und erst am Tor rufen: »Kommst du?«, um zu sehen, wie er von der Treppe meines Hauses zu mir aufschaut. Um die Erinnerung an den Tag festzuhalten, an dem Baptiste mich abgeholt haben wird. Aber erst einmal liege ich auf dem Bett meiner Großmutter und warte darauf, dass er mich ruft. Ich habe das Fenster aufgemacht, obwohl ich das hasse, und lausche auf die Geräusche draußen. Kann ich, wenn ich mich konzentriere, das Meer hören? Die einzige Antwort ist das spöttische Gezirpe der Quallen und das Bild eines mit Leichen übersäten Strandes, offene Schädel, auf dem Sand verteiltes Hirn. Ich schüttele den Kopf, aber das reicht nicht. Ich rezitiere *Der Schläfer im Tal,* aber das reicht nicht. Ich sehe die Sandkörner, die an den feuchten

Hirnwindungen des jungen Soldaten kleben, der aus dem üppigen Moos seiner grünen Scholle in die horizontale Starre des Strandes versetzt wurde. Ich stehe auf und gehe ins Badezimmer, um mir etwas Wasser übers Gesicht laufen zu lassen. Meine Großmutter darf mich nicht sehen, sonst sagt sie mir, lauf nicht in Unterhosen herum, du erkältest dich noch, und dann muss ich ihr erklären, warum das Fenster offensteht und meine Sachen gefaltet neben dem Bett liegen. Das rote *Italian Boy*-T-Shirt und die gestreiften Shorts, sorgfältig ausgewählt für die Waldexpedition mit Baptiste. Aber ich werde es ihr nicht erklären können und wäre gezwungen, das Fenster zu schließen oder mich anzuziehen oder beides. Auf dem Weg ins Badezimmer, die Fußsohlen plötzlich kühl von den Kacheln, sehe ich sie von hinten in der Küche am Ende des Flurs, vor dem Fenster, von dem aus sie mich gleich im Gespräch mit Baptiste beobachten wird. Was wäre, wenn ich sehen könnte, wie sich in ihrem Körper ein Blutgerinnsel unaufhaltsam in Richtung Herz bewegt? Die Kälte der Fliesen hält mich für einen Moment gefangen und wandert meine Knöchel hoch, während ich mir vorstelle, wie das Gerinnsel denselben Weg nimmt, das Bein hochzieht, dann den Oberschenkel, und sich schmerzlos durch die Organe meiner Großmutter schlängelt, bis hin zum empfindlichsten, und seinen Mechanismus zum Stillstand bringt. Ich stelle mir die plötzliche Erstarrung vor, ihr Körper wie eine steife Puppe. Der Gegenstand in ihrer Hand fiele zu Boden, dann geriete ihre ganze Statur ins Schwanken und kippte um. Von meinem Posten aus wäre ich nicht rechtzeitig bei ihr, um ihren Sturz abzufangen, selbst wenn ich mit ausgestreckten Armen auf sie zu rennen würde. Der Aufprall wäre schrecklich. Der Aufprall auf dem

Küchenboden wäre das Schlimmste, schlimmer als der Tod selbst. Die unerträgliche Vorstellung von der Wucht des Schlages ins Gesicht meiner Großmutter, der Wangenknochen, der zu kleinen Splittern zerschellt, der Kiefer, der bricht. Gesicht und Körper verkrampft, vor Angst und wegen den Spasmen. Der Schrei, der Schrei einer Greisin, wie der eines Säuglings. Der Urin, der einen Fleck auf dem Kittel bildet. Schnell wende ich meinen Kopf ab, denn wenn ich sie noch länger ansehe, wird es wirklich passieren. Ich spritze mir Wasser ins Gesicht und sage den Zauberspruch aus dem Kartenspiel auf. Neunmal muss man sich bespritzen, um die Angst zu vertreiben. Die Augen weit offen halten, auch wenn es brennt, und jedes Mal den Spruch aufsagen. Beim dritten Wort muss man die Fäuste ballen und beim vierten alle Finger lang ausstrecken. Als ich fertig bin, ist alles voller Wasser, aber schlimmer ist, dass mein Haar vorne nass und meine Frisur ruiniert ist. Ich rubbele sie mit dem Handtuch trocken und wische auch ein bisschen Wasser um das Waschbecken, vom Spiegel und vom Boden auf. Mein Gesicht ist ganz kalt, also lasse ich es lange im Handtuch, das für meinen Geschmack zu rau ist. Hoffentlich kommt Baptiste nicht ausgerechnet jetzt … Ich will schnell zum Fenster, wobei ich bedauerlicherweise nasse Fußabdrücke auf dem Parkettboden des Schlafzimmers hinterlasse, dann luge ich vorsichtig über das Geländer auf die verwaiste Straße. Am Strand auf der rechten Seite ist alles ruhig. Ich sehe die Urlauber, nicht größer als Reiskörner und kein bisschen tot. Die Stadt riecht nach Sommermorgen, und ich warte beruhigt auf dem Bett, während meine nassen Fußspuren zwischen den braunen Dielen des Parkettbodens versickern. Habe ich geschlafen? Die Stimme von Baptiste, dem ich gesagt habe, er solle einen anderen Namen als meinen rufen, um die Aufmerksamkeit meiner Tante nicht auf uns zu ziehen, reißt mich aus einem Traum, der sofort verblasst. »Alphonse« – das ist der Name, den ich ausgesucht habe –, »Alphonse«. Ich grinse, weil es gut ist, mit Baptiste Geheimnisse zu haben, springe aus dem Bett, um ihn hereinzulassen, und vergesse dabei, dass ich in Unterwäsche bin, und das ist mir peinlich, denn wer ist um diese Uhrzeit noch in Unterwäsche? Schnell ziehe ich den *Italian Boy* und die Shorts über, die frisch gebügelt duften, und ramme fast meine Großmutter, die schimpfend hereinkommt, weil das Badezimmer auf den Kopf gestellt ist, und entsetzt meine nassen Fußabdrücke auf dem Parkettboden bemerkt. Ich küsse sie auf die Nase, wie ein Schauspieler, auch wenn Baptiste mich nicht sieht, ihre Anwesenheit wärmt mich, und ich denke, dass sie ruhig den Boden bohnern kann, das ist nichts im Vergleich zu dem schrecklichen Tod, dem sie dank mir eben knapp entronnen ist. Und ich renne los, auch wenn ich mir im Flur einen Splitter holen könnte, schlüpfe in die Badelatschen, werfe mir die rote Strandtasche über die Schulter und stürze mit dieser besonderen Freude, dieser Leichtigkeit von Menschen, die am Fuß ihres Hauses von einem Freund erwartet werden, die Treppe hinunter. Baptiste sitzt auf der Bank unten an der Treppe und hat keinen Marienkäfer auf der Hand, aber meine Freude ist grenzenlos, als ich ihm das Tor öffne und der Schatten der Magnolienbäume sein Gesicht streichelt. »Sag, Alphonse, ich muss mal, kann ich kurz hochgehen, ich verspreche dir, ich bin auch ganz leise.« Er guckt spöttisch, und ich weiß nicht, ob es daran liegt, dass er mich immer noch Alphonse nennt, oder weil er ganz genau weiß, dass ich nicht will, dass er nach oben geht. Weil ich ihm gesagt habe, es sei wegen meiner Tante, weil sie keine Fremden im Haus duldet. Ich habe sogar eine Geschichte erfunden, von einem Typen, der zum Stromablesen gekommen sei, und meiner noch verrückteren Tante, die alles durch die Gegend geschmissen und gedroht habe, ihn aus dem Fenster zu werfen. Der Mann habe das Weite gesucht, ohne seine Arbeit zu beenden. Das ist gelogen, und ich bin mir nicht einmal sicher, ob meine Tante gefährlich ist, ich rede mir ein, dass sie es in Wirklichkeit nicht ist. Sonst würde man mich nicht bei ihr übernachten lassen. Diese Panik-Abende auf der Couch in ihrem Wohnzimmer, an denen ich ihr Badezimmer nicht benutze und mich aus Angst vor Ansteckung nicht ausziehe. Sogar ihre Gläser machen mir Sorgen. Die Geschichte mit dem Stromableser ist wegen meiner kleinen, zusammengeklappten Matratze neben dem Bett meiner Großmutter, wegen dem Bad im Flur, dem Gestank der Zigarillos, den Tellern an den Wänden, den alten, depressiven Schränken, dem Geruch nach Suppe. Und auch ein bisschen wegen meiner Tante. Das ist der wahre Grund, warum ich Baptiste nie eingeladen habe, und auch, weil ich ihm nicht gesagt habe, dass wir nur den ersten Stock der Villa bewohnen. Man erkennt es nicht, von außen sieht es aus wie ein großes normannisches Gutshaus, viel größer als Baptistes Haus. Vielleicht hat es ihn beeindruckt, als ich ihm die Villa das erste Mal gezeigt habe, weil er dachte, dass alles uns gehört. Würde er mit jemandem befreundet sein, der nur eine Ferienwohnung hat? Jemand, der kein Haus und keine Eltern hat? Verrückte sind lustig, solange sie reich sind. Vielleicht ist es das, was er überprüfen will, ob ich wirklich reicher bin als er. Ich glaube jedenfalls nicht an seine Pinkelgeschichte und sage ihm, dass er auch draußen Pipi machen kann, aber es fällt mir schwer, Baptiste eine Bitte abzuschlagen, und auf dem Weg sage ich nichts, vor allem, weil ich wissen möchte, warum er schweigt.

20

Der Kuss

Ihr Geruch, anfangs wollte ich ihn auf keinen Fall riechen. Ihre Schals meiden. Nie wieder die Nase in ihre Schals graben. Es reißt mich fort, zu tief in die Abwesenheit. Ein Sturz ins Bodenlose, an dem ich ganze Tage lang schnüffle. Ganze Nächte. Die keine Kinder-Nächte mehr sind. Heute habe ich ihren Geruch vergessen. Wie der Bach des Lachens sind die Schals im Staub versickert. Das Geräusch des Mangels hat alle anderen Geräusche übertönt. Es ist ein Summen, das mich von der Welt trennt. Vergangenheit und Gegenwart. Und Zukunft. Der Duft von Baptistes Mutter hat nichts mit dem säuerlichen, erdigen Frühlingsgeruch zu tun, den ich gerade vergesse. Baptistes Mutter riecht nach Messe, nach Puder. Aber ihr leicht geneigter Hals, der Hauch von Whiskyäther und Gitanesrauch, den sie zurücklässt. Der Kuss der Mutter, der Kuss einer Frau. Abend für Abend stehle ich ihn von Baptistes Vater. Abend für Abend stiehlt Baptiste ihn von seinem Vater. Und teilt ihn mit mir, weil er mich sehr mag. Wenn sie mich küsst, schaut auch Baptiste mich mit einer Spur Grausamkeit an, und ich akzeptiere und mag es. Baptistes starrer Blick in diesen Momenten. Derselbe Blick, mit dem er mich ansah, als er mich im Wald geküsst hat. Ich habe Baptiste alles erzählt. Wegen den Küssen. Denen von seiner Mutter. Alles, was ich weiß. Zuerst wollte ich ihm dieselben Antworten geben wie allen, wie immer. Die Geschichte erzählen, an die ich geglaubt habe, die Geschichte, die für mich erfunden wurde. Aber dann brachte ich es nicht über mich. Baptiste zu belügen wäre wie den Strand und das Meer zu belügen. Es wäre wie einen Baum zu belügen. Das war unmöglich. Mit ihm war ich der Wahrheit zu nahe gekommen. Aber ich wusste nicht, wie es sich anhören würde, wenn man es laut ausspricht. Das Wort aussprechen. Meinen Stimmbändern diese Dehnung, diesen Tanz aufzwingen. Am Strand hätte ich vielleicht lügen können, den Autounfall erzählen, denn der Strand ist ein öffentlicher Ort. Die Menschen erfinden sich am Strand neu. Aber nicht zwischen den Bäumen, der Wald ist ein Versteck. An diesem Tag war es feierlich zwischen uns. Da waren die Äste, die die Welt bedeckt hielten. Die Kleider. Das von den tanzenden Blättern gedämpfte Licht. Baptiste erzählte eine Geschichte, wie immer mit einer Menge Details, die einen froh machen. Baptistes Behutsamkeit hat etwas sehr Mutiges an sich. Sie schützt uns, sogar vor den Jungen am Strand, weil sie wissen, was hinter dieser Behutsamkeit steckt. Ihre Aggressivität wirkt vor Baptiste wie eine erbärmliche Angst. Ich weiß, wovon ich spreche, mit Angst kenne ich mich aus. Aber Baptiste hat keine Angst, weil er keine Ahnung hat, wie es ist, verletzt zu werden. Vielleicht hat er noch nie auch nur in einen mehligen Apfel gebissen. Manche Menschen macht das dumm, ihn macht es auf wundersame Weise schön. Wir setzten uns auf den Boden, gleich neben ein Wurzelnest, aber ich bemerkte es erst, als Baptiste mir die Frage stellte. Davor war die Zeit wie immer mit ihm verflogen, ein Moment ging in den nächsten über, und unsere Beine wurden von unseren Gesprächen mitgerissen. Aber als er fragte, was ihr passiert war, wurde alles wieder eins. Ich war nicht mehr die Bäume, nicht mehr der Wind, nicht mehr Baptistes Worte. Ich war diese zwei weißen Knie, die aus einer karierten Bermudashorts herausragten, diese verrenkten Hände, diese blöde Stimme, dieser Atem, der auf einen Stein fällt. Normalerweise fragten die anderen, wo ist denn deine Mutter, und ich wusste, dass sie es wussten, aber sie wollten den Tod hören, wegen dem Nervenkitzel. Ihre Eltern hatten sie angewiesen, nett zu mir zu sein, und das klebte an ihren Lippen, das machte mich besonders, ein bisschen ansteckend, aber besonders. Sie blieben, solange der Nervenkitzel anhielt, dann wandten sie sich leicht an- geekelt ab. Es war eine neue und zwangsläufig enttäu- schende Erfahrung, wie wenn man das Haus einer Schne- cke zertritt. Baptiste war anders. Von Anfang an sah er mich anders an, er freute sich über die Abwechslung. Er nahm sich Zeit. Wie ein Flaneur. Er wartete, bis er mein Vertrauen gewonnen hatte, bevor er anfing, Fragen zu stel- len. Er wartete, bis ich von mir aus Antworten gab. Und dort zwischen den Bäumen, als ich ihm von meiner Ver- bindung zu den Bäumen erzählte, von meinem Respekt, vielleicht auch meiner Liebe. Dort zwischen den Bäumen fragte er, mit dem Feingefühl, mit dem seine Mutter die Blumen für ihre Sträuße auswählt, was mit ihr passiert war. Vielleicht tat er das sogar nur, um mich zu befreien, um mich frei zu machen von meinem Geheimnis. Wie bei der Beichte. Daran musste ich denken, weil auf seinem Gesicht der Schatten der Blätter lag, wie das Holzgitter, hinter dem sich der Priester versteckt. Also erzählte ich vom Tod. Nicht vom Unfall, sondern vom freiwilligen Tod. Vom Verlassenwerden. Mir wurde klar, dass das Schweigen, das Schweigen der anderen, aber auch mein eigenes, mich davon abgehalten hatte, über das Wie nachzudenken. Das Wie des Todes. Der Waldboden gab unter meinen Füßen nach, als wollte er mich nicht mehr tragen. Wie kam der Tod? Da küsste Baptiste mich. Der Kuss selbst war zu plötzlich, zu unvorstellbar, ich erinnere mich nicht mehr. Es war ein verstohlener Kuss, wie der Biss einer Kobra, um mich auf die Erde zurückzubringen, wie eine Ohrfeige. Aber ich erinnere mich an Baptistes Mund gleich danach, an seine karminroten Lippen, die plötzlich das Zentrum des Universums waren und auf sehr seltsame Weise mit meinen verbunden. Er sah mich ruhig an, sein Blick war klar, denn er wollte nicht verpassen, was in mir vorging. Zum ersten Mal hatte ich Angst vor Baptiste, vor dem, was nach Baptiste passieren würde. Es gab eine chemische Veränderung in meinem Herzen, etwas stürzte voran. Baptiste stürzte in mein Herz. Später, als ich mich von Baptiste verabschiedet hatte, als ich zur Villa Magnolia zurückkehrte und mir auf dem Weg alles neu erschien, spürte ich eine Wut auf meine Großmutter. Während sie mich wusch, während sie das Gemüse schälte und mir die Suppe servierte, wünschte ich mir zum ersten Mal, dass sie mit mir spricht. Nicht über den Krieg oder Yves Saint Laurent, sondern über meine Mutter. Es ist schlimm, jemandem dabei zuzusehen, wie er lügt. Es ist schlimm, einer ganzen Familie dabei zuzusehen, wie sie ein Kind belügt. Selbst die Verrückte, die geradezu überquillt, hält sich an die Lüge. Mein Erbe ist Schweigen. In der Badewanne, während meine Großmutter schweigt, während sie mich schweigend anlügt, fahre ich langsam mit meinem nassen Zeigefinger über meine nassen Lippen. Was bringt ein Moment? Obwohl in meinem Leben alles ewig dauert, müssen Baptiste und ich uns ständig trennen. Und schon sitze ich wieder in der Badewanne. Aber der Funke seines Kusses dauert lang genug, um etwas zu sein. Er ist lang genug, um ein Geheimnis zu sein. Heute Abend fühle ich mich winzig klein auf meiner Klappmatratze neben dem großen Bett meiner Großmutter. Winzig klein, weil ich die Decke und den seltsamen Fleck nicht sehe. Heute Abend sehe ich den Himmel. Einen großen Himmel voller Sterne, gleichzeitig unendlich leer und unglaublich weit.

21

Mike Brant

Sie sagt: »Das ist keine lustige Geschichte, er ist aus dem Fenster gesprungen«, aus dem sechsten Stock eines Gebäudes im sechzehnten Arrondissement. Ich betrachte dieses Löwengesicht auf der Single. Seine Raubtiermähne und seinen eckigen Kiefer. Seine Mutter ist Bronia, eine Freundin meiner Großmutter, eine Freundin von früher. Bronia Rosenberg. Ich nicke. Ja, Bronia. Seine Mutter. Welcher Weg führt von Bronia zu diesem Cover? Von Bronia zu »Mike«, von Bronia zu diesem Song ... Wie wird man ein Löwe? Den Weg von Bronia zu dem Gebäude im sechzehnten Arrondissement kann ich mir sehr gut vorstellen. Sie sagt, Bronia kommt aus der gleichen Stadt wie meine Großmutter, aber sie sagt nicht, ob sie sich dort kennengelernt haben. »In Lodz.« Vielleicht kenne ich Lodz, aber ich kann nicht sagen, ob es daran liegt, dass mir schon jemand davon erzählt hat, oder daran, dass ich Lodz irgendwo in mir habe. Ich suche auf den Lippen und in den im Sonnenlicht blinzelnden Augen nach einer Ähnlichkeit. Aber mit wem? Ich weiß nicht mehr, was mich zu diesem Gesicht geführt hat. Wie es war, bevor dieses Gesicht zu singen begann. Sicherlich war es Langeweile, die mich in ihr Zimmer trieb. Es musste etwas Neues her, also warum nicht der Geruch von Zigarillos. Er sagt: »L'amour au bout des doigts«, Liebe in den Fingerspitzen, also sage ich mir, ich bin wegen den Zigarillos gekommen, um sie rauchen zu sehen. Sie sagt: »Die ganze Familie ist im Krieg umgekommen, in den Lagern.« Er sagt: »Rien qu'une nuit, laisse moi rien qu'une nuit.« Nur eine Nacht, lass mir nur eine Nacht. Irgendwo in Deutschland. Sie sagt: »Nach dem Krieg war nur noch Bronia übrig.« In Lodz hatten sie eine Strumpfhosenfabrik. Sie sagt: »Ein Haus mit 385 Zimmern.« Ist das wahr? Aber nach dem Krieg gibt es nichts mehr. Er sagt: »Faire avec toi le plus grand de voyages«, mit dir will ich die größte aller Reisen machen, er wächst in Israel auf, in einem Kibbuz. Sie erzählt von den Hotels, in denen er singt, in Tel Aviv, in Teheran, von den Begegnungen mit Stars. Der unglaubliche Ruhm, der zu einer untröstlichen Traurigkeit wird. Er sagt: »Et le poisson meurt sans l'eau de la rivière«, und ohne das Wasser des Flusses stirbt der Fisch. Sie sagt: »Er verstand nicht, was er sang.« Und eines Tages wird er verrückt. Sie sagt: »Er glaubte, dass auch er ein KZ-Häftling war, so wie ich, als ich in die Anstalt gebracht wurde.« Er sagt: »Aussi vrai que nos corps sont nés de la poussière«, so wahr unsere Körper aus Staub geboren sind. Sie sagt: »Es war nicht nötig, mich dorthin zu bringen, ich war nicht krank, ich hatte nur das Regal mit meinen Jugendbüchern umgeworfen.« Er sagt: »La feuille qui grandit a besoin de lumière«, das Blatt, das wächst, braucht Licht. Sie sagt: »Ich war siebzehneinhalb, meine Eltern hatten keine Zeit, sich um mich zu kümmern, also haben sie mich da hingebracht. Angeblich weinte Maman, wenn sie mit der Mutter meiner

Jugendfreundin telefonierte. Und danach war ich krank.« Krank wie Mike. Sie sagt: »Danach wollte ich sterben, weil man da nie wieder rauskommt.« Ich habe Angst vor dem, was sie sagen wird. Aber ich will nicht, dass sie aufhört zu reden. Dass sie aufhört zu reden, bevor sie mir sagt, was selbst Löwen umwerfen kann. Sie sagt: »Ich sollte dir das alles nicht erzählen.« Aber sie redet schon weiter, während ich mit dem Rauch der Zigarillos die Hässlichkeit ihres Gesichts in mich aufnehme, ihre heisere und seine samtene Stimme, die fragt: »Qui saura me faire oublier?«, wer kann mich vergessen lassen? Ich schlucke alles: die Gesichter auf den Covern, die alte Flickendecke, das gewachste Holz. Man muss zulassen, dass alles einem unter die Haut geht, um den Text richtig zu verstehen. Er sagt: »Vous me dites que d'ici peu je ne serai plus triste«, ihr sagt, schon bald werde ich nicht mehr traurig sein. Er sagt: »Qui saura me faire oublier ma seule raison de vivre«, wer lässt mich vergessen, warum ich lebe. Er sagt: »Je n'avais qu'elle sur terre et sans elle ma vie entière je sais bien que le bonheur existe pas«, ich hatte auf der Welt nur sie und für immer ohne sie weiß ich, dass es das Glück nicht gibt. Und sie, sie erzählt vom Wunsch zu sterben. Sie raucht und erzählt von ihrem Überdruss, ich weiß nicht, ob sie merkt, dass sie mit einem Kind spricht, oder ob meine Anwesenheit, wie der Diamant in den Rillen des Vinyls, Worte hervorbringt, die schon lange in sie eingebrannt sind. Sie sagt: »So ist es nun einmal.« Er sagt: »J'aimerais bien vous croire mais ma question reste toujours sans réponse«, ich würde euch gerne glauben, aber meine Frage bleibt unbeantwortet. Und sein Gesicht auf dem Plattencover ist das eines sehr traurigen Löwen, eines Löwen aus dem Zoo. Und sein Name ist ein Zirkusname. Ein Name, der nichts mehr mit Bronia Rosenberg zu tun hat. Ich sage ihn sehr schnell in meinem Kopf, sehr schnell in Endlosschleife, und es hört sich an wie Maman, Maman, wie wenn aus Blaukraut Brautkleid wird. Die Platte ist zu Ende, sie schweigt. Sie tut so, als würde sie etwas in einer Schublade suchen. Es stinkt. Es ist zu warm. Wortlos verlasse ich das Zimmer durch die Balkontür. Draußen ist es kochend heiß, das Licht blendet mich. Ich stelle mir ein Schwert vor, das mich durchbohrt, das mich wie ein Hitzeschlag im Übergang vom Zimmer zum Balkon trifft, wie ein Lichtblitz. Wie ein Samurai durchstoße ich mich langsam mit beiden Händen mit der Klinge. Der Wunsch, für einen Augenblick, tot umzufallen, von der Sonne erschlagen. Ich bilde mir das Blut ein, das fast kühl aus mir herausprudelt, zuerst aus dem Bauch, über die Beine, dann auf das weißglühende Blech und dampfend wie Lava über die Fassade, ein Fluss, der die Straße hinunter zum Strand fließt, sich durch den Sand bis zum Meer schlängelt. Blut für die Quallen, mein Blut als Heilmittel für das Meer. Am natürlich menschenleeren Strand würde Baptiste knien, die Jungfrau Maria an seinem Hals in einem verzweifelten Gebet zwischen den gefalteten Händen, das Gesicht tränenüberströmt, und würde mein Blut lecken, bevor es sich in dunklen Schwaden verliert. Und da wäre Bronia, Hand in Hand mit meiner Großmutter, wie zwei Staatsoberhäupter, die auf ihr Land in Schutt und Asche blicken. Wie zwei besiegte Generäle. Ich wäre das ganze Meer und würde sie voll Liebe ansehen. Erst rührt mich der Gedanke, dann kann ich mich nicht entscheiden, ob Baptiste ein weißes Poloshirt oder eine Badehose trägt. Dann ist es Bronia, die sich in die Nachbarin von oben verwandelt, mit schmutzigem Dutt und Bambusstock. Ich erschaudere bei dem Gedanken, dass ihr Sohn seine Wunden badet und unsere Sekrete sich vermischen. Also ziehe ich mich zurück. Das Blut fließt vom Meer zum Strand, vom Strand auf die Straße, von der Straße auf den Balkon, um dann heiß und jodhaltig in meine Arterien zurückzukehren. Unter schmerzvollen Grimassen ziehe ich vorsichtig das Fantasieschwert heraus, und während die Haut bereits heilt, betrete ich das Wohnzimmer, in dem meine Großmutter den Mittagstisch deckt.

DRITTER TEIL

VERSUNKENE WELTEN

22

Der Beton

Es gibt nichts Schöneres, als bei Baptiste den Tisch zu decken. Zum Schrank im Esszimmer zu gehen und die richtigen Teller auszuwählen, die mit den idyllischen Landsze-
nen darauf, ganz ohne Baptistes Mutter fragen zu müssen:
»Sind das die richtigen?« Schon vor dem Öffnen der Holztür genau zu wissen, dass man den Schlüssel andersherum
drehen und dann den kleinen Riegel, mit dem die andere
Tür am mittleren Brett fixiert ist, öffnen muss. Den Platz
aller Dinge zu kennen. Die Weingläser oben rechts, die alten Senfgläser für Wasser links. Die Teller unten, kleine
und große, neben den Tassen und Suppenschüsseln aus
Porzellan. Gehört man schon zu Baptistes Familie, wenn
man weiß, dass man den Schlüssel andersherum drehen
muss? In der linken Schublade befindet sich das Silberbe-
steck, aber für den täglichen Gebrauch wird das Besteck
auf der rechten Seite verwendet, dessen Griffe wie Horn
aussehen und manchmal so gesprungen sind, dass sie
zerbröseln. Aber hier regt sich niemand über zerbroche-
ne Sachen auf, und wenn die Klinge in der Lammkeule

stecken bleibt, darf man sich was wünschen. Trotzdem: Die schlechten Messer sind für Baptistes Vater. Wenn er da ist, bekommt er den Grum. Am Tisch hat jeder seinen Platz, seine eigene Stoffserviette und einen Holzring, auf dem der Vorname eingebrannt ist. Die Küchenrolle bleibt in der Küche. Auch ich habe meinen eigenen Ring. Darauf ist nicht mein Vorname graviert, sondern ein Stern. Ich weiß, dass es der Ring für Gäste ist, aber Baptistes Mutter sagt, dass er gut zu mir passt, weil ich eines Tages vielleicht ein Star sein werde. Baptiste und ich legen gern die Tischdecke auf, mit einer schwungvollen Bewegung, jeder an einem Ende des großen Tischs, weil es diesen Moment gibt, in dem sie wie in Zeitlupe schwebt, bevor sie sich perfekt über die Platte legt. Dann befestigen wir die Plastikklammern, damit sie während des Essens nicht verrutscht. Außerdem muss der Rolltisch mit dem geschnittenen Brot, der Wasserkaraffe und dem Salat vorbereitet werden. Das ist der wichtigste Moment von allen, denn da mache ich das Salatdressing. Baptistes Mutter will unbedingt, dass ich das übernehme, weil es das beste Salatdressing ist, das sie je gegessen hat. Baptiste schneidet den Schnittlauch mit einer Schere in ein Glas, ich mische den Senf, das Olivenöl und den Essig. In diesen Momenten, in denen alle geschäftig sind – bis auf Baptistes Schwester, die immer eine Ausrede findet, um nichts zu tun –, in diesen Momenten fühle ich mich wirklich glücklich, auch wenn es albern ist. Sogar noch glücklicher als beim Spielen mit Baptiste. Ich habe das Gefühl, dass ich frei atmen kann und alles um mich herum an seinem Platz ist. Wir erzählen uns belanglose Dinge, wir schweigen, aber nicht wie bei meiner Großmutter, wo in der Stille mehrere Stillen übereinanderliegen, die nichts miteinander zu tun haben. Doch selbst in diesen Momenten frage ich mich ständig, was Baptiste und seine Mutter denken. Manchmal könnte ich jemanden umbringen, um zu wissen, was in Baptistes Kopf vor sich geht. Ich könnte ihn umbringen. Wenn er nicht spricht, weiß ich nicht, wo er ist, und ich mache mir Vorwürfe, weil ich an nichts anderes denken kann, innerlich so leer bin. Ich bin wie eine große Qualle, deren Fäden sich alle nach ihm ausstrecken. Langweilt er sich? Findet er es schlimm, dass ich vorhin nicht über die Mauer zum Nachbarn klettern wollte? Ist er froh, dass ich heute Nacht bei ihm schlafe? Ist er stolz darauf, dass ich das beste Salatdressing mache? Und dann sagt er plötzlich zu seiner Mutter etwas wie: »Maman, ich habe wieder an die Beethoven-Symphonie gedacht, die du mir neulich vorgespielt hast, eigentlich ist sie gar nicht traurig, sondern melancholisch.« Das verblüfft mich, und ich denke, dass es in seinem Geist enorm friedlich sein muss, damit dort solche Ideen aufkommen können. Ich stelle mir seinen Gedankenraum als ein sehr großes, luftiges Haus vor, mit drei Meter hohen Decken und gebohnerten Parkettböden, einem Flügel und großen Fenstern, die auf einen üppigen Garten hinausgehen. Etwas, das viel komfortabler ist als die Bruchbude, durch deren Jalousien ich die Welt beobachte. Wenn der Tisch gedeckt und alles bereit ist, legt Baptistes Mutter eine Schallplatte auf, denn als sie in unserem Alter war, war Musik bei ihr zu Hause verboten. Jetzt macht sie, was ihr gefällt, wie zum Beispiel mit einem Löffel Schlagsahne ohne alles zu essen. »Vielleicht willst du den Kindern sagen, warum du letzte Woche nicht da warst?«, etwas stimmt plötzlich nicht mehr bei diesem Essen. Baptistes Mutter hat zu laut gesprochen. Es braucht Konzentration, um den Gesprächsanfang wieder einzuholen. Wo waren wir gerade?

Drei gräuliche Bällchen aus Brotkrume zwischen mir und Baptiste zeugen von dem Versuch, eine Kuh, eine Katze oder ein Einhorn zu modellieren. Aber Baptiste spielt nicht mehr. Er und seine Schwester durchbohren ihren Vater mit Blicken. Ihren Vater, der mit den Augen rollt und auf der Stirn schwitzt, seine Brille abnimmt und mit gezwungener Fröhlichkeit sagt: »Papa wird wohl gerade ausgeschimpft.« Baptistes Mutter starrt auf ihr Glas. »Papa will uns vielleicht erklären, was sein neues Projekt in Le Havre ist? Papa hat diesen Sommer sehr aufregende Pläne, Kinder.« Daran, wie Baptistes Schwester ihren Mund verzieht, erkenne ich, dass sie gleich weinen wird, was an sich kein großes Ereignis ist, mich aber ärgert, weil ich die bedingungslose Liebe, die sie für ihren Vater empfindet, nicht verstehen kann. »Das ist doch lächerlich, Liebling«, Baptistes Vater streckt entnervt die Hand aus, ich spüre, dass er aufstehen möchte, sich bewegen, aber noch glaubt er, dass er die Situation unter Kontrolle hat. Dass der Blick von Baptistes Mutter wieder klar wird und sie lächeln, sich eine Zigarette anzünden und etwas Nettes sagen wird. Ich weiß, dass das nicht passieren wird. Meine Kenntnisse in Sachen Wut sagen mir deutlich, dass Baptistes Mutter zu nahe am Schmelzpunkt ist, um sich einfach wieder zu beruhigen. An diesem Punkt muss man normalerweise etwas kaputt machen oder sich selbst verletzen. Ich schaue zu Baptiste. Er ist unbeeindruckt. Mir scheint, in seinem Gehirn gibt es für solche Situationen noch keinen vorgezeichneten Weg. Ein Flattern an seinem rechten Augenlid verrät jedoch intensive Aktivität. Brücken werden gebaut, Zonen aktiviert. Mein Verstand hingegen kennt die Route genau: Diese ganze Geschichte mit dem Projekt in Le Havre wird auf mich zurückfallen. Im Grunde denke ich, dass Baptistes Vater mich nicht verkraften kann. Ich habe Angst, dass er jetzt verkünden wird: »Nun ja, ich will ehrlich sein, Kinder, ich gehe nach Le Havre, weil ich diesen Jungen und seine ganze Art nicht ertragen kann. Bist du jetzt zufrieden?« Ich senke den Blick. Aber er sagt nichts. Er täuscht einen Appetit vor, der ihm längst vergangen ist, spielt schlecht den essenden Mann, schneidet Fleischstücke ab und kaut sie theatralisch. Zwischen zwei Bissen zittern seine Lippen vor Worten, die er nicht sagt. Baptistes Mutter mit mitleidigem Blick. Auch sie trinkt, als stünde sie auf der Bühne, schöner als je zuvor. Plötzlich frage ich mich sogar, ob sie sich nicht extra für diesen Anlass zurechtgemacht hat. Extra, um ihren Mann zu demütigen. Vom Haarreif bis zu den Stöckelschuhen scheint nichts zu einem sommerlichen Abendessen am Meer zu passen. Sie trägt ein schwarzes Kostüm und eine cremefarbene Bluse. Ihr Rücken ist gerade, und ihre Bewegungen sind nicht zögerlich. Nur schlägt sie vielleicht die Beine etwas zu oft übereinander, erst in die eine, dann in die andere Richtung. »Kinder«, sagt sie mit rauchiger Stimme, »Kinder, Papa hat eine neue Leidenschaft für Beton. Du wirst ihnen doch vom Beton erzählen, oder? Beton ist stark, er ist hart, er splittert nicht wie alter Stein, nicht wahr, Schatz?« Einhorn, Kuh und Katze bilden jetzt eine unförmige Kugel, die Baptiste mit gesenktem Kopf kräftig knetet, als würde er versuchen, einen farblosen Zauberwürfel zu lösen. »Das ist lächerlich, wirklich. Kinder, geht spielen. Bravo, das ist raffiniert, das ist sehr, sehr schlau, das ist sehr erwachsen, vor den Kindern, mit Gästen …«, es ist soweit, Baptistes Vater hat mich erwähnt, ich weiß nicht, wie das alles für mich ausgehen wird, selbst wenn wir vom Tisch aufstehen, was soll ich tun? Ich will auf keinen Fall, dass

Baptiste sich vor mir gedemütigt fühlt. Dass er es mir übelnimmt, dass ich mit ansehen muss, wie sein Vater im Schweiße seiner Stirn schwimmt, seine Mutter am Rand ihres Weinglases balanciert und er selbst zum ersten Mal, seit wir uns kennen, nicht weiter weiß. Baptistes Lippen sind blass. Und sein Haus ungastlich. Wenn es dramatisch wird, habe ich dort keinen Platz, keine Zuflucht. Ich muss mich benehmen, egal was passiert. Mit hängenden Armen warte ich darauf, dass mir jemand einen Hinweis gibt, wie es weitergehen soll. Weil ich unfähig bin, aus eigenem Antrieb aufzustehen, beginne ich in meinem Kopf alle Aufgaben aufzulisten, die ich hier noch erledigen muss, bevor ich morgen früh nach Hause kann. Zähne putzen, Pipi machen, Schlafanzug anziehen, schlafen. Wenn sie mich nicht gleich zu Großmutter zurückschicken. Das wäre so erniedrigend. Glücklicherweise fängt Baptistes Schwester endlich an zu weinen und ruft schluchzend: »Hör auf, Maman!« Sie stellt sich auf ihren Stuhl, wirft sich in die Arme ihres Vaters und hängt sich hingebungsvoll an seinen Hals. Wie ein schlechter Gewinner hebt er eine vielsagende Augenbraue in Richtung der Mutter, die mitleidig ihre Tochter betrachtet. »Sehr gut, Papa ist ein ganz toller Architekt, Le Havre kann sich glücklich schätzen, von seinem Talent zu profitieren.« Aber niemand hört ihr zu. Baptiste packt mich am Arm und zieht mich zur Treppe, die ich wortlos hinaufsteige, während sein Vater mit dem Mädchen auf dem Arm in den Garten geht. Baptistes Mutter, allein zwischen den Resten, zündet sich eine Zigarette an und starrt kurz in die Flamme, bevor sie das Streichholz ausbläst, sich in ihrem Stuhl zurücklehnt und den Hals nach hinten beugt. Von der Treppe aus sehe ich nur noch ihren nackten Fuß, in den sie stumm die Spitze ihres Absatzes bohrt.

23

Der Autoscooter

Baptistes Mutter schaut mir direkt in die Augen. Kein Blick, bei dem ich mich auf die Gangway eines Flugzeugs träume, an einem Frühlingstag in einem neuen Land. Kleine, besorgte Augen. Ich wünschte, sie würde mich anlächeln, mir einen Kuss auf die Wange geben, eine Limonade reichen und sagen: »Geht spielen, Jungs.« Aber ich bin allein mit ihr in der Holzkabine, und ihre Augen durchsuchen in mir verbotene Gefilde. »Verstehst du, was ich dir sage?«, fragt sie mich leise. Was ich verstehe, ist, dass etwas zwischen uns zerbrochen ist, Baptistes Mutter hat gerade die unsichtbare Grenze überschritten, die sie von den anderen Erwachsenen trennte. Direkt hinter der Tür der Hütte ist der Sand heiß, aber unter meinen Füßen ist er kalt und feucht. Die Sonne dringt nur durch ein Loch im Holz oder ein loses Brett herein. Es ist dunkel. Vor allem beim Reinkommen, wegen dem Unterschied zwischen dem gleißenden Licht des Strandes und der kompakten Dunkelheit im winzigen Raum der Kabine. Man kommt hierher, um seine Badehose anzuziehen oder Eimer, Schaufeln und den Drachen zu holen. Baptiste und ich kommen auch, um uns im Kühlen zu unterhalten, auf dem Boden liegend, die Füße an der Wand zwischen den Sonnenschirmen und den zusammengeklappten Liegestühlen. Die weißen Kabinen sind für die echten Familien. Dicht an dicht sind sie am Strand aufgereiht, vielleicht hundert, und alle sehen gleich aus, wenn man sie nicht kennt. Aber die Hütte von Baptistes Familie hat die Nummer 17 und ist mit einem blauen Vorhängeschloss gesichert, dessen Code ich kenne. Wenn sie offen ist, weiß ich, dass Baptiste da ist. Aber heute Morgen habe ich noch vor den Kabinen gesehen, dass er mit anderen Jungen am Deich spielte. Zwei blonde Jungen, von denen der eine größer und kräftiger aussah, mit Muskeln am Bauch und an der Brust. Er warf sich mit seinem Körper dem Jokari-Ball in den Weg, um ihn im Flug zu stoppen, und schrie vor Freude, als er mit einem dumpfen Geräusch auf seine Haut prallte. Auch Baptiste rannte aufgeregt und glücklich umher. Baptistes Vater und seine Schwester lagen auf großen Handtüchern und träumten unbeeindruckt vor sich hin. Wenn Baptistes Mutter mich kommen sieht (und sie sieht mich immer kommen), begrüßt sie mich normalerweise mit einem schelmischen »Oh, schau mal, wer da kommt«, begleitet von einem breiten Lächeln und einer ausgestreckten Hand. Eine Hand, die nur einen winzigen Teil des Raums zwischen ihr und mir ausfüllt, mich aber einlädt. Oder Baptiste hebt den Kopf, trabt mir entgegen und beginnt bereits, mir eine Geschichte zu erzählen, die der Wind fortträgt. Aber heute, mit diesen beiden blonden Jungen, verstand ich nicht, wie ich in die unsichtbare Blase vordringen sollte, die Baptistes Familie vom Rest des Strandes trennte. Ohne ein Zeichen, schon ein Blick hätte genügt, wusste ich nicht, wie ich es anstellen sollte.

Selbst wenn ich den Mut aufbrächte, mich bemerkbar zu machen, würde mich die pantherhafte Art des blonden Jungen lähmen. Ich musste umkehren, weggehen, bevor Baptiste mich sah, und ein anderes Mal wiederkommen. Aber ich hatte die Rechnung ohne Baptistes Mutter gemacht, die mir hinter den Umkleidekabinen auflauerte. Ich sitze auf der Kühlbox, wie sie es mir mit einer herrischen Geste befohlen hat, und halte ihrem aschfahlen Blick stand. Ohne ihre Kinder ist sie noch schöner. Aber da ist ein Kloß in meinem Hals. Der Jokari-Ball, dessen Aufprall auf der Haut des Jungen noch immer zu hören ist. Ich weiß, dass Tränen herauskommen werden, wenn ich spreche, wenn ich versuche, etwas zu sagen. Und mit ihnen diese riesige Trauer, die in mir schläft, die ich nicht aufhalten kann, wenn sie erwacht. Wie die Wellen, in die Baptiste mich mitnimmt und die mich unter Wasser ziehen, mich überrollen und wieder mitreißen, wenn ich schon glaube, dass sie mich freigeben. Dann spülen sie mich halb ertrunken ans Ufer, ein bisschen weniger lebendig. Ohnehin weiß ich nicht, was ich antworten soll, denn was Baptistes Mutter gerade erzählt, sagt mir nichts. Ja, Baptiste hatte mir gesagt, dass seine Cousins Pierre und Luc für einen Tag zu Besuch kommen würden, und ja, es stimmt, schon als er mir vorgeschlagen hatte, mich ihnen anzuschließen, hatte ich mich zurückgezogen. Ich weiß auch nicht, wohin der fröhliche, gewitzte Junge verschwindet, wenn Leute da sind, die er nicht kennt, vor allem Jungen in seinem Alter. Und ja, ich weiß, dass ich mich nicht immer verstecken kann. Und vielleicht ist es sogar so, dass ich mein ganzes Leben unglücklich sein werde, wenn ich mich nicht ändere, dass es nicht viele wie Baptiste gibt und er nicht immer da sein wird, um mich zu beschützen. »Du musst dich öffnen«, sagt sie mehrmals. Auch sie hatte eine schwierige Kindheit, ich wäre erstaunt, wenn ich wüsste, woher sie kommt, und auch wenn es ungerecht ist, müssen Menschen wie wir uns doppelt anstrengen, um etwas zu werden. »Du wirst sehen, dass anders zu sein eine Stärke ist; später wird es deine Stärke sein.« Was mich am unglücklichsten macht, ist der Gedanke, dass auch sie mich von Anfang an so angesehen hat, mitleidig. Nur eine bessere Form von Mitleid. Ich sage ja, und die Tränen beginnen zu fließen. Dann will Baptistes Mutter mich in den Arm nehmen, aber ich weiß, dass das nicht geht, dass ich hart bleiben muss. »Kann ich nach Hause?«, frage ich und schäme mich, weil die Worte so seltsam verzerrt aus mir herauskommen. »Das bleibt unser kleines Geheimnis«, sagt sie und drückt mir ein unglaublich weiches, dickes Badetuch ins Gesicht, »ich rede mit dir, weil ich dich sehr mag, weißt du?« Ich verlasse die Kabine, ohne zum Strand zu schauen, weil ich nicht sehen will, ob Baptiste noch spielt, ich will die Cousins nicht sehen und vor allem nicht, dass sie mein verheultes Gesicht bemerken. Ich nehme die kleine Treppe zur Straße und träume beim Gehen davon, dass Baptiste mich ruft, dass er mir nachläuft, meine Tränen sieht und ebenfalls zu weinen beginnt, dass die Trauer unsere Sprache ist, dass sie uns wie ein Wasserfall an Orte trägt, die niemand kennt, Lichtungen mitten im Wald, wo es nur uns beide gibt, wo wir leben, Fische fangen und Feuer machen. Wir würden in einem Baumhaus mit Stegen und Lianen schlafen, und unsere Affenfreunde würden uns vor Aasfressern und allen anderen Gefahren schützen, die am Fuß der Bäume lauern. Ich kann jetzt nicht zurück zur Villa, weil ich meiner Großmutter gesagt habe, dass ich erst zum Mittagessen wieder da bin, und sie darf auf keinen Fall die roten Augen und den vor Kummer verzerrten Mund bemerken. Also gehe ich auf den Meridian zu und denke daran, wie Baptiste mir einmal gesagt hat, dass Kinder nie Richtung Sonne gehen, wenn sie sich am Strand verlaufen, sondern immer in die andere Richtung, damit sie nicht geblendet werden. Aber ich will auf keinen Fall, dass man mich findet, sondern nur, dass jemand nach mir sucht. Auf der Bank vor dem Meridian sitzt der Riese, beide Hände auf seinem runden Bauch. Ohne ihn zu grüßen, stelle ich mich mit dem Gesicht zum Meer und tue so, als würde ich nach vorne schauen, nach England, als wäre ich extra dafür gekommen, einen Fuß auf jeder Seite der Zeitlinie. Im Licht, mit der Sonne im Gesicht, sieht der Riese noch seltsamer aus als in der Bar. Die Farben auf seinem Gesicht gehen ineinander über wie auf einem Gemälde, rot, rosa und andere, dunklere Farben, die nicht da sein sollten. Ich habe Angst, dass er in der Sonne schmilzt, wenn er zu lange dort bleibt, aber ich bin bereit, mit ihm unterzugehen, wenn dann nie wieder jemand in meinem Kopf herumschnüffelt. Nach einer Weile, als würde er ein altes Gespräch wieder aufnehmen, richtet der Riese sich auf und sagt mit seiner atemlosen Stimme: »Siehst du, Kleiner, wenn man zu viel allein ist, weiß man manchmal nicht mehr, wie man mit anderen redet. Aber vergiss nicht, dass die anderen genauso große Angst vor dir haben wie du vor ihnen. Und je lauter sie reden, desto mehr Muffensausen haben sie.« Er zieht ein rotes Päckchen aus seiner Hemdtasche, zündet sich mit einem Benzinfeuerzeug eine Zigarette an, nimmt einen tiefen Zug und schweigt wieder. Dann, nachdem er zwei lange Rauchfäden aus der Nase ausgestoßen hat: »Weißt du, was mein Vater immer zu mir gesagt hat? Ein Mann muss wissen, wie man mit beiden Beinen in die Unterhose springt. Hast du sowas schon gehört? Ist das nicht blöd?« Er lacht. »Es ist blöd, aber ich habe es Dutzende Male versucht. Ich habe es jahrelang versucht. Ich wusste nicht, was es bedeutet, ein Mann zu sein, aber ich wollte, dass mein Vater stolz auf mich ist. Ich bin fünfzig Jahre alt und denke immer noch jeden Morgen daran, wenn ich meine Buxe anziehe.« Er lacht, hustet, wischt sich mit einem Taschentuch über die Stirn, zieht wieder an seiner Zigarette, und ich merke, dass er nicht weiterreden wird. Ich möchte ihm eine Frage stellen. Irgendetwas, damit er weitererzählt. Denn wenn er spricht, denke ich an nichts, sondern höre nur zu. Ich suche, aber mir fällt nichts ein, nichts außer den Quallen. Ich frage: »Sind Sie Fischer?« Er lässt sich Zeit, sein Gesicht zuckt, ich frage mich, ob er mich gehört hat, ob ich laut genug gesprochen habe. Ich frage mich sogar, ob ich überhaupt etwas gesagt habe. Er nimmt eine neue Zigarette, dann im Benzingeruch: »Fischer, so ist es.« »Leiden Quallen?«, frage ich. »Natürlich leidet das Meer«, sagt er verärgert und blickt in die Ferne. »Das Meer lässt die Menschen leiden, aber es macht selbst ganz schön was durch, das kannst du mir glauben.« »Ja, aber die Quallen?« »Die Quallen auch.« »Auch die, die am Strand liegen?« »Nein, die sind tot, die spüren nichts mehr.« Als er das sagt, streicht er mit der Hand durch die Luft und murmelt gedankenverloren noch etwas, das ich nicht verstehe. Dann schaut er mich wieder freundlich an: »Das Meer urteilt nicht über dich, weißt du.« Er wirft seine Kippe weg, verschränkt die Arme über dem Bauch und atmet tief ein. Er sieht froh aus. Ich bin auch froh. Ich fühle mich ruhig. Ich möchte ihn gerne wiedersehen. Ich möchte mich bei ihm bedanken wegen der Quallen, weil ich erleichtert bin zu wissen, dass sie bereits tot waren, das nimmt mir eine Last von den Schultern. Der Riese hält die Welt auf Abstand. Mit ihm an meiner Seite machen mir Baptistes Cousins weniger Angst. Selbst dass ich seine Mutter enttäuscht habe, erscheint mir weniger schlimm. »Sag mal, deine Tante sucht bestimmt schon nach dir, geh schnell, bevor sie sich Sorgen macht.« Ich weiß, dass er das sagt, weil es ihm unangenehm ist, weil er Angst hat, mich zu langweilen oder mich mit seinen Geschichten zu verschrecken. Er ist es nicht gewohnt, mit Kindern zu sprechen. Auf dem Rückweg achte ich darauf, dass die Sohlen meiner Turnschuhe immer parallel zum Pflaster sind, und denke über das Ritual der Unterhosen nach. Wenn wir bei Baptiste unsere Schlafanzüge anziehen, kommt der Moment, in dem wir die Unterhosen ausziehen müssen. Dann legt sich jeder in sein Bett unter die Decke und zieht sich sehr schnell die Unterhose aus und den Schlafanzug an, bevor der andere die Decke wegziehen kann und man den nackten Hintern sieht. Eigentlich zieht nie jemand die Decke weg, aber wir lachen uns kaputt dabei. Schon bei dem Gedanken könnte ich mich totlachen, gleich hier auf der Avenue de la République. Denn mir fällt auf, dass ich mich mit Baptiste zum ersten Mal nicht mehr im Autoscooter gefangen fühle. Einmal ist mein Vater mit mir zur Kirmes im Bois de Boulogne gegangen. Ich wollte dahin, wegen dem Plakat in der Metro. Keine der großen Werbetafeln auf den Bahnsteigen, sondern so eine kleine im Waggon. Normalerweise ist da ein Hund oder eine Katze drauf und darunter steht: »Biocanina, damit unsere Lieblinge lange leben«. Manchmal sehe ich sie so oft, dass ich von dem Satz einen Ohrwurm bekomme. Mit dem Plakat für die

Kirmes war es anders, es war das Versprechen einer Flucht. Tatsächlich wurde es ein sehr trauriger Tag. Nicht wegen meinem Vater oder weil die Fahrgeschäfte nicht gut waren, sondern weil ich keinen Freund hatte. Selbst in der Geisterbahn, die wirklich nicht so war, wie ich sie mir vorgestellt hatte, hätte ich mit einem Freund wie Baptiste Spaß gehabt. Wir hätten uns über die Pappmaché-Monster lustig gemacht und über den Herrn, der sich hinter einem schwarzen Laken versteckte und mit einer Skeletthand wedelte, wenn der Zug vorbeifuhr. Vielleicht war er noch bemitleidenswerter als ich. Aber das Seltsame war, dass mich selbst das nicht entmutigte. Ich wollte unbedingt alles machen, was ich mir vorgenommen hatte. Im Spiegelkabinett war ich gegen eine Scheibe gelaufen, und die Großen hatten mich ausgelacht, aber auch das hatte mich nicht aufgehalten. Beim Gewehrschießen hatte ich die Zielscheibe immer verfehlt, und der Mann am Stand hatte mich Mademoiselle genannt, aber ich regte mich nicht weiter darüber auf. Richtig traurig wurde ich erst, als ich im Autoscooter war. Ich hatte mich gerade in mein kleines rotes Auto gesetzt, als eine Sirene ertönte und die anderen Kinder in alle Richtungen losrasten. Während ich versuchte, mein Gefährt vorwärts zu bewegen, krachte ein Junge mit voller Wucht von der Seite gegen mich. Er sah mich mit einem breiten Grinsen an und machte dann einen Bogen um mich. Bevor ich losfahren konnte, rammte er mich ein zweites Mal noch härter von der anderen Seite. Deshalb nennt man diese Gefährte auch Boxauto, und deshalb haben sie einen dicken Gummirand. Es tat nicht weh oder so, als der Junge mich gerammt hat, es hat mich nur ein bisschen durchgeschüttelt. Aber er schien nett zu sein, und ich hatte überhaupt keine Lust, ihn in einen Unfall zu verwickeln. Also lenkte ich mein Auto in eine Ecke, wo wenig los war. Unterwegs versuchte ich trotzdem, andere Kinder zu rammen, um zu sehen, wie sich das anfühlte. Aber ich muss zugeben, dass ich nicht sehr gut darin war. Irgendwann bin ich rückwärts in ein anderes Auto gekracht, nicht wirklich mit Absicht. Darin saßen zwei Große, vielleicht zwölf Jahre oder so, und sagten, sie würden mich plattmachen. Einer der beiden machte sogar so eine Handbewegung, wie ein Messer an der Kehle, und ich bekam Angst, denn eigentlich wollte ich niemanden rammen und auch nicht gerammt werden. Der Junge, der nett aussah, hatte einen Freund gefunden, und sie ließen lachend ihre Autos zusammenstoßen. Ich fühlte mich noch einsamer als zu Hause. Dort sieht mich wenigstens niemand, wenn ich in die Röhre gucke. Hier auf der Piste merkte ich, dass ich nicht für die freie Wildbahn geschaffen war. Also betete ich, dass sie mich nicht sah. Ich glaube nicht ans Paradies, aber trotzdem wünsche ich mir oft, dass sie mich beobachtet. Ich schämte mich, weil ich mit meinem Vater zur Kirmes im Bois de Boulogne gegangen war und geglaubt hatte, ich würde Spaß haben. Dieses Bild von mir würde ich nicht mehr loswerden, das wusste ich. Und tatsächlich bin ich es bis heute nicht losgeworden. Jedes Mal, wenn ich in einen Raum mit anderen Kindern komme, bei einer Geburtstagsfeier oder sogar auf dem Spielplatz, sehe ich mich wieder am Steuer meines roten Autos sitzen, ungeschickt, allein, verletzlich. Außer mit Baptiste. Mit Baptiste bin ich zum ersten Mal in Gegenwart eines anderen Jungen nicht auf der Hut. Ich habe keine Angst, überraschend gerammt zu werden.

24

Das Playmobil

Ich habe sofort an Vera gedacht, als Baptiste mir sagte, dass ich etwas zum Vergraben nach Les Vaches Noires mitbringen sollte. Dort kann ein Kind in zwanzig Minuten vom Erdboden verschluckt werden. Es ist wirklich ernst, an dem Ort wurden auch die ersten Dinosaurierskelette gefunden. Manchmal wagen sich Urlauber dorthin, um Fossilien zu sammeln, auf dem Beistelltisch in der Villa liegen auch welche davon. Aber das ist sehr gefährlich. Die Feuerwehr kommt fast jeden Sommer, um Touristen zu befreien, die in der Falle sitzen. Wenn ich mit meiner Großmutter am Strand entlanglaufe, machen wir einen großen Bogen um die Felsen, die am Fuß der Klippen grasen. Les Vaches Noires bilden die Westgrenze unseres winzigen Territoriums. Aber sie hat mich gewarnt: Wenn ich in den Treibsand gerate, muss ich so tun, als würde ich ganz langsam eine Treppe hinaufsteigen, und darf auf keinen Fall herumzappeln, denn das beschleunigt das Einsinken nur. Ich nicke, aber ich weiß tief in meinem Inneren, dass ich, wenn ich da hineingerate, nichts tun würde, um mich zu befreien. Manchmal stelle ich es mir sogar als etwas Schönes vor. Der kalte Sand unter meinen Füßen, der sich auftut, um mir Platz zu machen, der mich empfängt und nach und nach umschließt, gibt meinem Körper wieder klare Konturen. Je tiefer ich einsinke, desto schwächer wird die Wut. Wie ein kühles, feuchtes Tuch auf der Stirn eines Kranken löscht der feuchte Sand die Flammen in mir. Der Sand schmiegt sich an mich, und es ist eine große Erleichterung, wie Tränen oder Schlaf. Endlich finde ich meine Größe, meinen Platz, fast scheint es mir, als wäre ich wieder da. Das Einzige, was mich ein wenig stört, ist die Luft, dieser kleine Moment der Panik, bevor man sich an den Sauerstoffmangel gewöhnt, wenn der Sand in die Nase dringt und man ihn mit einer Handbewegung abwehren möchte. Ich übe ein wenig vor dem Spiegelschrank im Schlafzimmer, aber dann mache ich lieber Quatsch und öffne die Nasenlöcher weit, wie Baptiste es mir beigebracht hat, was die Tragödie meines Untergangs noch beschleunigt. Ich habe ohnehin Wichtigeres zu tun, als den Leidenden zu spielen, denn ich suche Vera, die Playmobilfigur, in die ich mich zu Ferienbeginn verliebt habe. Bis vor zwei Wochen bin ich nie von ihrer Seite gewichen. Weder zum Essen noch zum Schlafen und natürlich nicht zum Baden. Nie zuvor hatte ich für jemanden eine solche Liebe empfunden. Eine tragische Liebe, weil sie niemals Veras Reinheit, Einsamkeit und Zerbrechlichkeit gewachsen sein wird. Was ich an Vera bewundere, ist, dass sie sich nie etwas anmerken lässt. Grotesk verdreht, wie ein Gavroche aus Plastik, kopfüber in einem Bach aus Seife, liegt Vera nun auf dem Rand der Badewanne. Mit dem Finger fahre ich vorsichtig über ihre beiden runden Augen und ihr kalkfleckiges Lächeln. Dieses unerschütterliche Lächeln, das so erschütternd ist.

Deshalb muss sie zu den Vaches Noires gebracht werden, um sie von ihrem Schicksal als Spielzeug zu erlösen. Ich werde mich weniger um sie sorgen, wenn sie tot ist, dann bin ich die Angst los, mich nicht gut um sie zu kümmern. Ein schöner Abschied ist besser als die Gleichgültigkeit einer Spielzeugkiste. Außerdem kenne ich nicht viele Playmobilfiguren, die ein erstklassiges Begräbnis mit Meerblick bekommen haben. Ohnehin weiß ich nichts über Beerdigungen, da ich zu jung bin, um daran teilzunehmen. Also habe ich freie Hand, was die Vorbereitungen angeht. Auf in die Küche, um ihr einen Sarkophag aus Alufolie zu bauen. Aber als ich aus dem Badezimmer komme, merke ich sofort, dass etwas nicht stimmt. Es ist stiller, als es um diese Uhrzeit sein sollte. Kein Geschirr klappert, kein Wasser läuft. Ich rufe nach meiner Großmutter. Keine Antwort. Nach meiner Tante. Keine Antwort. Ich stoße die Küchentür auf, öffne die Schlafzimmertür, erkunde den Balkon und vom Balkon aus die Straße. Nichts. Ich bin allein. Mit feuchten Händen streife ich noch einmal durch die Wohnung, um mich zu vergewissern, um einen zugegebenermaßen unwahrscheinlichen Streich auszuschließen. Niemand. Ich lasse mich auf einen Sessel fallen. Vielleicht war ich zu sehr in mein Spiel vertieft und habe nicht gehört, als meine Großmutter mir sagte, dass sie zum Einkaufen geht. Und meine Tante ist bestimmt im Café. »Immer am Träumen«, sagt meine Großmutter, weil ich nie zuhöre, wenn sie mit mir spricht. Wahrscheinlich ist es das. Ich suche nach der letzten Erinnerung, dem letzten Bild, das ich von ihr habe. Aber ich bekomme die Abläufe im Haushalt nicht mehr zusammen. Wann habe ich gesehen, wie sie einen geblümten Kittel bügelte, vor fünf Minuten oder gestern? Kann ich schwören, dass sie in der Küche Gemüse schälte, während ich im Wohnzimmer gefrühstückt habe? Wie lange bin ich schon allein? Die Angst drückt mich tief in die Eingeweide des Sessels. Auf jeden Fall hat jemand den Frühstückstisch abgeräumt, und ich war es bestimmt nicht. Bei dieser beruhigenden Erkenntnis verlangsamt sich mein Herzschlag ein wenig. Es sei denn, ich habe nicht gefrühstückt. Ich konzentriere mich auf die Uhr im Wohnzimmer, um wieder festen Boden unter die Füße zu bekommen. Elf Uhr fünfzehn ist eine naheliegende Zeit für Einkäufe. Aber die Lunte an meiner Angst brennt, und ich sitze wieder mit Papa im Zug. Mein Blick klebt an meiner roten Swatch, als mein Vater beschließt, kaum dass wir im Abteil sitzen und die Koffer über unseren Köpfen verstaut sind, Zeitungen oder Zigarillos zu holen. Mit dem Mantel in der Hand stürzt er sich murmelnd in den Trubel des Bahnhofs und lässt mich in einer beunruhigenden Ungewissheit zurück. Zuerst schaue ich auf die Uhr, um zu sehen, wie viel Zeit noch bis zur Abfahrt bleibt. Fünf Minuten sind zu knapp für Zeitungen. Dann beginnt ein höllischer Countdown. Die Tür geht auf, ich glaube, ich bin gerettet, aber er ist es nicht. Ein Reisender, der nichts von dem Drama ahnt, das sich in dem Abteil abspielt, und der, als er sieht, dass es besetzt ist, ohne ein Wort weitergeht. Die Zeit bricht auseinander, der Zug ist bereit zur Abfahrt, und mein Vater kommt nicht zurück. Ich beginne, leise zu seufzen, was in ein Schluchzen übergeht, mein Gesicht zuckt fieberhaft. Was wird passieren, wenn der Zug losfährt? Muss ich den Schaffner informieren? Muss ich beim nächsten Halt aussteigen? Muss ich die Endstation abwarten? In welchem Bahnhof werden wir ankommen? Was ich auch immer entscheide, ich werde es falsch machen, ich werde mich blamieren. Die Gedanken überschlagen sich, dann nichts mehr, außer einer dumpfen Sirene in meinem Schädel und toten Hunden. Ich schaue auf die Uhr, es sind nur noch dreißig Sekunden bis zur Abfahrt des Zuges. Nur noch zwanzig. Nur noch zehn. Fünf, vier. Mein Vater öffnet die Abteiltür und setzt sich, ohne mich eines Blickes zu würdigen, gedankenverloren auf den Sitz gegenüber und schlägt seine Zeitung auf. Ich schlucke meine Tränen hinunter und beobachte benommen, wie die Gebäude aus dem Fenster gleiten, während das Rattern des Zuges mich allmählich wieder an die Oberfläche bringt. Elf Uhr vierzig. Um diese Zeit sollte meine Großmutter schon zu Hause sein. Die Suppe müsste kochen. Was, wenn es einen Unfall gegeben hat? Etwas so Schreckliches, dass mein Gedächtnis sich geweigert hat, es zu speichern. Ein Ausbruch unglaublicher Gewalt, Feuerwehr, Sirenen, Blaulicht, das über die Wände des Wohnzimmers fegt. Jetzt tanzt der Tod für mich, einen wild zuckenden Bauchtanz, den ich mit aufgerissenen Augen verfolge, hypnotisiert von dem zerschellten Körper meiner Tante am Fuß der Villa, den steifen Überresten meiner Großmutter auf einer Bahre. Anstelle von Tränen fließt der Speichel in meinem Mund. Er kommt von unter der Zunge und überschwemmt den ganzen Mundraum. Ganze Schlucke Speichel, ein inneres Ertrinken. Es ist so viel, dass ich aufstehen muss, um die Flut ins Waschbecken in der Küche zu spucken. Das Wasser, ganze Wassermassen strömen in einem Schwall aus meinem Bauch. Ein reißender Fluss fließt durch mich hindurch. Dann ist es wieder still, der Kopf ist leer, der Bauch hohl. Ich taumle in die Küche. Was zählt, ist nicht mehr der Tod, der Tod meiner Großmutter, was jetzt zählt, nach ihrem Verschwinden, ist, sich von ihr zu lösen. Sich einzureden, dass ich sie nicht so sehr geliebt habe und dass ihr Tod mich nicht verändern wird. Nein, unangenehm werden die Blicke derer, die meinen, ich sei verflucht, die sagen, das Schicksal meine es nicht gut mit mir, der Tod hafte mir an den Fersen. Und noch schlimmer: das Mitleid. Sich an ein unerträgliches Maß an Mitleid gewöhnen. Wer wird sich um mich kümmern? In meiner feuchten Hand badet der kleine Plastikkörper von Vera. Überwältigendes Lächeln. Ich löse ihren schwarzen Haarhelm mit einem Fingernagel, und er schnellt auf die andere Seite des Raumes, wo meine Großmutter atemlos mit einer Einkaufstasche in der Hand durch die Tür kommt.

25

Die Beerdigung

»Hier ist es«, sagt Baptiste und bohrt seinen Stock in den nassen Sand. »Siehst du, da, wo der Schlick Blasen wirft.« Ich sehe keine Blasen, aber ich erkenne Falten im Boden. Wir sind lange gelaufen, das weiß ich, weil ich Durst habe. Wir mussten hinten aus Baptistes Haus gehen, durch eine alte, wurmstichige Holztür, die auf einen schmalen, von dichten, stachligen Gewächsen gesäumten Feldweg führt. Wir haben ein paar Brombeeren vom Wegrand gegessen und kamen auf einen Pfad, an dem ein Schild vor einer »Gefahrenzone« warnte. Baptiste beachtete es nicht und ging entschlossenen Schrittes weiter, weil er den Weg kennt. Ich folgte ihm, ohne etwas zu sagen, und lauschte auf das Knirschen des Bodens unter unseren Sohlen. Selbst das Gehen ist ein Gespräch. Manchmal geht Baptiste voraus, und ich trete in seine Fußstapfen, manchmal folgt er mir. Aber egal, ob er vorne oder hinten ist, ob ich ihn hinter meinem Rücken höre oder seinen Nacken betrachte, ich habe das Gefühl, dass er mir entgleitet. Obwohl wir allein auf dem Pfad sind, vermisse ich Baptiste schmerzlicher, als wenn er nicht da ist. Ich ärgere mich sogar über ihn. Über seine erobernden Schritte. Ich bin wütend, weil meine Gedanken immer um ihn kreisen. Während er seinen Gedanken nachhängt und sich mir mit der Aufmerksamkeit eines Herrchens für seinen Hund widmet. Ohne sich zu fragen, ob ich glücklich bin, ob ich Hunger habe oder wie ich mich in dieser Landschaft mit ihren tiefen, schwarzen, parallelen Furchen fühle, die aussehen, als hätte ein riesiges Tier sie mit seinen Krallen gegraben. Baptiste denkt für sich selbst, er geht für sich selbst. Und ich schenke ihm jede meiner Bewegungen. Als ich ihm vorhin die Dose mit Vera in ihrem Alusarkophag gezeigt habe, hat er nichts gesagt. Er wollte nicht wissen, warum ich mit ihr eine Scherbe eines zerbrochenen Tellers und eine Eintrittskarte für die Eisbahn aus dem Jahr 1967 vergrabe. Ich hingegen weiß alles über den kleinen zerbrochenen Elefanten, den er von seiner Mutter geschenkt bekommen hat, und über seine Milchzähne, zarte Exemplare aus Schmelz, die er den Archäologen der Zukunft anvertrauen will. Eines Tages werden vielleicht Millionen von Schaulustigen zusammenkommen, um Baptistes Eckzähne zu bewundern. Doch der Schlamm der Normandie will unsere Reliquien nicht. Sie sind zu unschuldig für die Vaches Noires. Ich habe die Dose an die faltige Stelle geworfen, wo Baptiste mit seinem Stock herumgerührt hat, genau dort, wo sich laut seinem Vater der Treibsand befindet. Der schwarze, feste Boden hört auf, und davor ist ein zähflüssiges, vegetationsloses Sandbecken, aus dem ein grauer Strom die Klippen hinunterfließt. Das ist der berühmte Mergel. Der die Dinosaurier verschluckt hat. Aber nicht Vera: Sie kommt neben Baptistes Elefant im Sand nicht von der Stelle. Es ist überhaupt nicht so, wie wir es uns vorgestellt haben. Nicht das kleinste Sauggeräusch, das

wir uns abwechselnd vormachten, indem wir Luft und
Speichel vorne in unserem Mund kreisen ließen und rie-
fen: »Warte, ich hab's! Warte, ich hab's!« Der Boden ist
still. Anstatt wie eine Beerdigung sieht es aus wie die Überreste eines Picknicks. Bevor er sie wieder einsammelt, rührt
Baptiste im Sand herum, um die Festigkeit zu testen, und
zerbricht dabei seinen Stock. Beruhigt tastet er sich mit
dem Fuß voran, macht einen Schritt, bleibt mit ausgestreckten Armen stehen. Nichts. Er schleicht weiter, und
ich will gerade zu ihm aufschließen, als einer seiner Knöchel im Schlamm versinkt. Der Sandteich ist nicht größer
als ein aufblasbares Schwimmbecken. Drei Schritte auf
mich zu und Baptiste ist im Trockenen, zwei Schritte zur
anderen Seite Richtung Klippe und er hat unsere Sachen.
Aber sein Fuß steckt fest. Er sieht mich lächelnd an, ohne
ein Wort, als ob er das Monster unter der Oberfläche nicht
wecken wollte. Es ist zu spät: Als er versucht, sein Bein zu
befreien, verflüssigt sich der Sand und sein anderes Bein
versinkt bis zum Knie. Baptiste befindet sich in einer un-
bequemen Position, mitten in der Bewegung erstarrt, die
Beine weit auseinander, sodass er sich auf keins von ihnen
stützen kann. »Hoppla«, flüstert er und schaut mich ent-
schuldigend an. Ich bin nur zwei Meter von ihm entfernt,
doch eine Grenze trennt uns. Ich nähere mich so weit wie
möglich, aber es ist immer noch zu weit, um ihm die Hand
zu reichen. Er könnte sie ohnehin nicht greifen, da er mir
den Rücken zuwendet. Ich mache noch einen Schritt, aber
als ich an den Rand komme, ziehe ich den Fuß zurück wie
bei einem zu heißen Bad. »Hol lieber einen Stock«, schlägt
Baptiste vor. Aber so sehr ich auch suche, ich finde keinen. Vorhin auf dem Weg überall Stöcke aus totem Holz
und hier kein einziger. Nicht einmal ein Zweig. Ich den-

ke an den Stock, den Baptiste mir gebracht hat, als ich für ihn Quallen töten sollte, und wie ich damals starr vor Angst war. Ich drehe mich zu Baptiste um. Er ist noch ein bisschen weiter eingesunken, aber nicht viel. Er ist ganz ruhig. »Keine Sorge«, sage ich zu ihm, »wenn du dich nicht bewegst, wird alles gut.« »Ich weiß, aber beeil dich trotzdem, ich will hier nicht verrotten.« Dieses Vertrauen zwischen uns, diese Verbundenheit ist etwas Besonderes. Niemand gerät in Panik, niemand schreit. Es scheint, als hätten wir uns seit Tagen auf diese Situation vorbereitet, als wären wir von Anfang an vorbereitet gewesen. Trotzdem denke ich, es ist seltsam, es wäre logischer gewesen, wenn ich im Sand stecken geblieben wäre und er Hilfe geholt hätte. Jeder wäre in seiner Rolle gewesen, ich weniger mutig als er und er einfallsreicher als ich. Ich suche noch eine Weile nach einem Stock, der dick genug ist, um ihn aus dem Sumpf zu ziehen, aber ich laufe im Kreis, weil ich mich nicht traue, weiter weg zu gehen. Weiter weg bedeutet, dass ich Baptiste nicht mehr sehen und ihn nicht mehr hören kann, wenn er mich ruft. Er hat eine halbwegs bequeme Position gefunden und stützt sich mit beiden Händen auf ein Knie. Fest genug, um seinen Rücken auszuruhen, aber nicht zu fest, um das Bein nicht zu belasten. Ich empfinde eine unendliche Zärtlichkeit für ihn, so groß wie das Meer, das man in der Ferne sieht. So etwas Großes, habe ich gedacht, könnte nur der Schmerz hervorbringen. Aber Baptiste kann es auch. Wenn Baptiste jetzt im Sand verschwindet, würde niemand je von unserer Freundschaft erfahren, niemand könnte verstehen, was ich verloren habe. Und dabei war ich vorhin noch wütend auf ihn, weil ich fand, dass er mich nicht genug liebte. Das ist egal, denn jetzt denkt er nur noch an mich. Sein ganzer Geist ist auf mich gerichtet. Oh, wie sehr er mich lieben muss. Ein unsichtbares Seil, stärker als eine Kette, knüpft sich durch die Kraft seiner Gedanken. Ich bin seine Verbindung zur Welt. Ich laufe den Pfad hinunter und alle Wut, die beim Aufstieg noch da war, ist verschwunden. Manchmal rege ich mich wirklich wegen Kleinigkeiten auf. Vom Pfad aus kann ich den Strand unterhalb der Klippen sehen. Die Urlauber, kleine Krippenfiguren, bilden eine Exilkolonie am Wasser, wie die Pioniere einer neuen Welt. Der Wind weht mir ganz wunderbar durch die Haare, während ich ihnen entgegenlaufe.

26

Pipi ins Bett

Hochgeschreckt in der Pisswärme der Matratze. Der Moment davor war so schön. Ich war wieder dort. Als wäre ich nie weg gewesen. Der Geruch, der Geschmack der Dinge, das Gefühl, mein wahres Leben zu leben, alles war wieder da. Und ihre Stimme. Ihre Stimme, die mich aus der Küche ruft. Ich kann sie noch nicht sehen, aber ich weiß, dass gleich alles wieder auftaucht: der Kachelofen, die Kreidetafel in Apfelform, die bordeauxroten und weißen Fliesen. Und dann sie, mit ihren Haaren, ihrem Geruch, ihrem Schmuck. Ich will gerade in die Küche rennen, als ich eine Spur aus Erde auf dem Teppichboden entdecke. Ich muss sie wegmachen, bevor ich zu ihr gehe. Sonst kann ich mich nicht in ihre Arme kuscheln, als wäre nichts geschehen. Ich müsste ihr von den Flecken erzählen, und vielleicht würde sie ärgerlich. Also renne ich in Richtung Waschküche. Im Flur merke ich, dass die Eingangstür nicht richtig geschlossen ist, die Angst sitzt mir im Nacken, ich werde schneller und frage mich, ob da nicht die Spitze eines braunen Schuhs hervorlugt, deshalb halte ich nicht an, um einen Blick in mein Zimmer zu werfen. Obwohl mein Herz einen Satz macht, wenn ich an meine Spielsachen, meine Kakteensammlung auf dem Kaminsims und den Holzzug denke, dessen Schienen über eine Brücke führen. Warum hat niemand an meine Sachen gedacht? Als ich ankomme, sind überall Koffer, bis zur Decke gestapelt und mit Schlamm bedeckt. Um weiterzugehen, müsste ich über sie klettern. Dann bin ich wieder im Wohnzimmer, ohne den Weg durch den Flur, aber jetzt ist es sicher, es war ein brauner Schuh mit kleinen Luftlöchern vorne, ich kann mit Gewissheit sagen, dass ich ihn gesehen habe. Mit heruntergelassener Unterhose bespritze ich den Fleck mit meiner Pisse, in der Hoffnung, dass er verschwindet. Es ist jetzt dunkel. Mit einem Ruck richte ich mich auf und komme wieder in der Realität an, während ich mit der Hand die Matratze abtaste, um den Schaden zu bemessen. Sie ist lauwarm. Auf meinem Schlafanzug ist überall Pisse, bis zum Bauchnabel. Das kommt von dem Lindenblütentee gestern Abend. Um meine Großmutter nicht zu wecken, ziehe ich so leise wie möglich die Matratze ins Badezimmer und meide dabei die empfindlichen Dielenbretter. Ich umklammere die Klinke und schließe die Tür Millimeter für Millimeter. Allein im Badezimmer mit meiner fleckigen Matte, weiß ich nicht recht, wie ich vorgehen soll. Die Sachen in der Maschine zu waschen ist unmöglich. Ich weiß nicht einmal, wie man sie einschaltet, und sie macht einen Höllenlärm. Danach müsste man alles auf dem Balkon trocknen, die Laken, den Schlafanzug und sogar die Matratze. Ich sitze eine ganze Weile da und lausche dem Schnarchen meiner Tante, die auf der anderen Seite der Wand schläft. Das Emaille der Badewanne färbt sich im Licht des beginnenden Tages blau. Vor meinen Augen ist dieser ovale Pissefleck, von dem ich nicht mehr genau weiß, ob er zu unserer Welt gehört oder zu der, die ich gerade verlassen habe. Dieser Fleck, der mit mir die Reise von der Rue Cresson zur Villa, von dort nach hier gemacht hat, und allein deshalb möchte ich ihn behalten, er soll für immer seinen Strahlenkranz auf der Matratze hinterlassen, wie eine Brücke zu meinem Reich. Damit ich beim Schlafengehen sicher sein kann, nach dorthin zurückzukehren. Mein bestes Leben wäre im Traum. Und das Jetzt wäre nur noch eine schlechte Zeit, die ich bis zum Wiedersehen hinter mich bringen müsste. Was stört mich der Anblick meiner Tante, wenn er nur ein Albtraum wäre, vor dem ich mich in die Arme meiner Mutter flüchten könnte? Ich könnte stundenlang zu Hause bleiben und beim Milles Bornes schummeln. Wenn das Telefon klingelt, würde ich den Leuten sagen: »Rufen Sie später wieder an, sie ist beschäftigt«, und ich würde mich auf den Sitzsack im Wohnzimmer kuscheln und meine Kinderplatten abspielen, die ich nie wieder hören will. Vorsichtig ziehe ich das Bettlaken ab und knülle es zusammen, bevor ich es unter die Schmutzwäsche in den Korb stopfe. Das Gleiche mit dem Schlafanzug, in der Hoffnung, dass alles bis zum Morgen trocknet. Es ist kalt, und ich möchte jetzt schlafen. Als ich nackt mit der Matratze ohne Bezug ins Schlafzimmer zurückkomme, habe ich ein seltsames Déjà-vu-Erlebnis. Das Gefühl einer durchwachten Nacht, die nicht endet. Die Unterhosen sind in dem großen Schrank, dessen Tür bei jedem Öffnen dramatisch laut quietscht. Wenn ich sie öffne, muss ich immer an die alte rothaarige Schauspielerin denken, die in diesen Kammerspielen im Fernsehen auftritt. Ich flüstere dem Schrank zu, dass es wirklich gut wäre, leise aufzugehen, nur dieses eine Mal, dass es um eine großartige neue Rolle geht, die ihn berühmt machen wird. Ich umarme die Tür behutsam, um sie in ihrer Klage zu begleiten, aber dadurch quietscht sie nur umso lauter. Meine Großmutter öffnet die Augen und ruft mit verschlafener Stimme nach einem Mann, den ich nicht kenne. Aus welcher Welt wurde sie gerade geholt? Ich ziehe mir eine Unterhose an und krieche mit flatternden Augenlidern zu ihr ins Bett. Sie protestiert ein wenig, lüftet dann aber das Laken, um mich einzulassen. Ich stelle mir vor, dass ich ein Löwenjunges in der Savanne bin, das sich verlaufen hat und von einem alten Raubtier aufgenommen wird. Als ich aufwache, ist es hell, und ich bin allein in dem weichen Doppelbett. Meine kleine Matratze ist nicht mehr im Zimmer, meine Großmutter steht in der Küche, und ich weiß, dass sie sich schon um alles gekümmert hat. Es ist unnötig nachzuschauen, ob mein Bett auf dem Balkon trocknet. Die Waschmaschine schleudert mein nächtliches Abenteuer und gleich wird meine Großmutter den Wasserhahn in der Küche zudrehen, um den Schlafanzug und die Bettwäsche der Sonne anzuvertrauen. Wenn ich will, kann ich mich getrost an den Tisch im Wohnzimmer setzen, wo wahrscheinlich schon ein dampfender Tee auf mich wartet. Meine Großmutter wird mich vielleicht wegen der dicken Margarineschicht auf meinem Toast tadeln, oder weil ich den Tee schlürfe, aber über die Ereignisse der Nacht wird sie kein Wort verlieren. Es wird nicht einmal ein Geheimnis zwischen ihr und mir sein. Ich ziehe die Daunendecke bis zur Nasenspitze hoch und strecke mich unter den Federn aus, glücklich und ausgeschlafen. Werde ich heute Morgen an den Strand gehen?